Niels Ludvig Westergaard

Über den ältesten Zeitraum der indischen Geschichte mit Rücksicht auf die Literatur

Über Buddhas Todesjahr

Niels Ludvig Westergaard

Über den ältesten Zeitraum der indischen Geschichte mit Rücksicht auf die Literatur
Über Buddhas Todesjahr

ISBN/EAN: 9783743600201

Hergestellt in Europa, USA, Kanada, Australien, Japan

Cover: Foto ©ninafisch / pixelio.de

Weitere Bücher finden Sie auf **www.hansebooks.com**

Ueber den ältesten Zeitraum
der
INDISCHEN GESCHICHTE
mit Rücksicht auf die Litteratur.

Ueber Buddha's Todesjahr
und
einige andere Zeitpunkte in der älteren Geschichte Indiens.

Zwei Abhandlungen

von

N. L. WESTERGAARD,

Ordentl. Prof. der Oriental. Sprachen an der Universität Kopenhagen.

Aus dem Dänischen übersetzt.

Breslau 1862.
A. Gosohorsky's Buchhandlung
(L. F. Maske).

Die erste der folgenden Abhandlungen des Herrn Professor Westergaard erschien als Universitäts-Programm *) und die zweite in der Uebersicht über die Verhandlungen der Kön. Dänischen Gesellschaft der Wissenschaften vom Jahre 1860 **). Beide beruhen auf selbständiger, gründlicher Forschung und behandeln die hervorragendsten Punkte der ältesten Indischen Kultur- und Litteratur-Geschichte, so wie die schwierige Frage nach dem Zeitalter, welchem diese Litteratur angehört, in einer klaren, allgemein verständlichen Darstellungsweise. Während sie daher einerseits von keinem speziellen Freunde der Sanskrit-Studien unbeachtet gelassen werden dürfen, gewähren sie andererseits jedem Freunde der alten Geschichte überhaupt einen Einblick in die wichtigsten Fragen, um deren Beantwortung es sich jetzt auf diesem Gebiete handelt. Aus diesem Grunde darf ich hoffen, dass die vorliegende Uebersetzung, deren Veröffentlichung ich veranlasst habe, zur inneren und äusseren Förderung der Indischen Studien beitragen werde.

Breslau, im März 1862.

A. F. Stenzler.

---

*) Indbydelsesskrift til Kjöbenhavns Universitets Aarsfest til Erindring om Kirkens Reformation. Kjöbenhavn 1860. 4. p. 1—90.

**) Oversigt over det Kongelige danske Vidensk bernes Selskabs Forhandlinger i Aaret 1860. Kjöbenhavn. 8. p. 149—184.

Ueber

den ältesten Zeitraum der Indischen Geschichte mit Rücksicht auf die Litteratur.

Der Japhetische Sprachstamm, welcher die wichtigsten Völkerschaften Europa's umfasst, hat zwei seiner Zweige nach Asien hinein, über Iran und Indien, gestreckt, wo dieselben hernach die Hauptbevölkerung ausgemacht und eine hervorragende Stelle in der älteren Entwickelungsgeschichte des Menschengeschlechtes eingenommen haben. An welcher Stätte, in Europa oder Asien, der Japhetische Stamm sich aus seinen ersten Keimen entwickelt hat, ist noch ein unlösbares Räthsel, ebenso wie die Zeit, in welcher die Trennung in selbständige Stämme erfolgt ist. Die einzigen Erinnerungen, welche wir über das Japhetische Grundvolk haben, liegen in dem allen Stämmen gemeinschaftlichen Sprachstoffe, welchen namentlich der Indische Stamm im Ganzen genommen in einer älteren und ursprünglicheren Gestalt bewahrt hat. Aus diesem Grunde ist die Indische Sprache nicht bloss oft von Wichtigkeit für die Erklärung von Einzelheiten in den verschiedenen Sprachstämmen *), sondern bildet auch die wissenschaftliche Grundlage bei allen Untersuchungen, welche sich auf die einzelnen Stämme beziehen und deren gegenseitiges Verhältniss und ihre gemeinschaftliche Vorzeit aufzuklären suchen.

Auch über die Einwanderung in Iran und Indien sind alle Erinnerungen spurlos verschwunden. Unsere ältesten Quellen zei-

---

*) z. B. das Wort Sohn ist das Indische sûnu und dort findet sich auch die Wurzel sû, su, gebären, in häufigem Gebrauch und mit zahlreichen Ableitungen. Varg und Ulv (Wolf) gehen beide zurück auf das Indische vrika u. s. w.

gen uns die Japhetiten als vollkommen heimisch in beiden Ländern. Sie waren hier auf andere Stämme gestossen, die zu dem grossen Skythischen Sprachstamme gehörten und welche später verschwanden oder überwältigt wurden. Das Vordringen und die Ausbreitung der Japhetiten ist aber nur langsam vor sich gegangen. Noch gegen das Ende des Assyrischen Reiches (ungefähr 600 v. Chr. G.) hatten die Skythischen Stämme so grosse Wichtigkeit, dass einer der letzten Assyrischen Könige, Sardanapal, grammatische und lexikalische Verzeichnisse ihrer Sprache, verglichen mit der Assyrischen, verfassen und auf Thontafeln niederschreiben liess. In Susiana haben sie in selbständigen Inschriften eine noch ältere Erinnerung an ihre Herrschaft hinterlassen und noch in dem Reiche der Achaemeniden machten sie einen so bedeutenden Theil der Bevölkerung aus, dass Darius, der Sohn des Hystaspes, in seinen Keilinschriften eine Skythische Sprache mit einer eigenthümlichen Schrift neben der Altpersischen und Assyrisch-Babylonischen anwandte und ihr die zweite Stelle vor der letzten oder Semitischen einräumte. In Indien ist die Einwanderung von Nordwesten erfolgt; von da breitete sie sich aus längs des Indus über das nördliche und westliche Indien und folgte darauf der Gangā bis zu deren Mündung, indem sie zugleich an einzelnen Stellen bis südlich vom Vindhya-Gebirge drang. Hierdurch wurde der ursprüngliche Skythische Stamm nach beiden Seiten gesprengt und hat sich nur an allen unzugänglicheren Stellen und in geschlossener Masse über das ganze Süd-Indien dergestalt erhalten können, dass er trotz aller fremden Einwirkung einer überlegenen Kultur seine Verwandtschaft mit den Stammgenossen nördlich vom Himālaya zu bewahren vermochte.

Der gemeinschaftliche Name für beide Japhetischen Stämme in Asien war Arya, in etwas verschiedenen Formen. Im Altpersischen lautete er Ariya, und so nannte sich Darius einen Perser und Sohn eines Persers, einen Arier und von Arischer Geburt [*]. In einer Skythischen Inschrift belehrt er das Volk, dass Auramazda der Gott der Arier ist [**] und nach Herodot (7, 62) war

---

[*] In der Inschrift auf seinom Grabe bei Nakshi-Rustam, l. 13—14.
[**] In der Skythischen Uebersetzung der Inschrift von Bagistan (III, 77, 79.); dieser Zusatz findet sich weder in dem Persischen noch in dem Semitischen Texte.

dies der ursprüngliche Name der Meder. Derselbe wurde später von den Sassaniden aufgenommen, welche den Titel führten: Könige der Könige über Arier und Nicht-Arier (Ariân va Anariân *). In der Baktrischen oder Zendsprache war die Form Airya, und im Zendavesta kommt der Name airyo-shayana, „Wohnung der Arier" vor (Yasht X, 13—14), allerdings namentlich nur für das nördliche Iran, aber die geographische Bekanntschaft mit der Umwelt ausserhalb Baktrien ist dort sehr eingeschränkt **). Dem Namen airya „arisch", wurde dort gleichfalls, obwohl selten, anairya „nicht-arisch", entgegengesetzt; der gewöhnliche Gegensatz ist vielmehr tûirya und von airya und tûirya stammen die in der Persischen Sagengeschichte gebräuchlichen Benennungen Iran und Turan. Der Ursprung und die Ableitung des Wortes arya ist dunkel; es scheint indessen in Verbindung zu stehen mit einem andern Indischen Worte rïta (sicher, gewiss, gültig, wahr), welches dem Altpersischen arta***) entspricht und nach dem gewöhnlichen Lautgesetze dem Zendworte asha. In Indien nahm das Wort zwei Formen an, arya und ârya, von welchen die letztere am häufigsten vorkommt und in der ältesten Zeit meistens, wenn nicht ausschliesslich, gebraucht wird als ein Ehrennahme für treue, fromme und rechtgläubige Verehrer der Götter, und Wörtern entgegengesetzt wird, welche „gottlos" bedeuten, wie avrata und namentlich das Wort dása (ein Ungläubiger, ein Sklave) und das damit verwandte dasyu eine ungläubige, unheilige Schaar, sowohl von Menschen wie von Daemonen †). In der folgenden

---

*) Der erste der Sassaniden, Artaxerxes (Artahshatr) nannte sich in den drei den Sassaniden eigenthümlichen Inschriftsprachen nur: malkin malkû ariân, malkân malkû airân, βασιλεὺς βασιλέων Ἀριάνων; aber schon sein Sohn Sapor (Shahpuhr) fügte hinzu: va anariân, va anirân, καὶ ἀναριάνων.

**) Vgl. Oversigt over Vidensk. Selsk. Forhandli 1852, S. 212 folg.

***) Dies liegt dem Namen Ἀριαῖοι zu Grunde, welches nach Herodot (7, 61) der ursprüngliche Name der Perser gewesen sein soll.

†) So heisst es im Rigveda:

1, 130, 8. indraḥ samatsu yajamânam âryam prâvat, çâsad avratân: Indra helfe in Kämpfen dem opfernden Arya und strafe die Ungläubigen. — 4, 28, 4. viço dâsîr akṛinor apraçastâḥ: Du (Indra) machtest die sclavischen Geschlechter unrühmlich. — 3, 34, 9: indraḥ .. hatvî dasyûn prâryaṃ varnam âvat: Indra schlug die Fremden und half dem arischen Volke. — 1, 51, 8: vi jânîhy âryân ye ca dasyavo, barhishmate randhayâ çâsad avratân: scheide die Aryas von den Fremden, strafe die Gottlosen und gieb sie in die Gewalt deines Verehrers. —

Brahmanischen Entwickelung wurde die Bedeutung beider Formen eingeschränkt; arya bezeichnete nun einen Herrn und wurde ein Ehrennahme für die dritte Kaste, während ârya angewandt wurde für alle drei Kasten, welche den wesentlichsten Bestandtheil der Brahmanischen geselligen Ordnung ausmachen. Von dieser Benennung wird daher die vierte Kaste ausgeschlossen *); ausserdem stellt Yáska (Nirukta 2, 2) die Arier den Kambojas entgegen, einem Bergvolke nordwestlich vom Indus mit ungefähr derselben Sprache, und Manu (10, 45) spricht von unheiligen Schaaren mit der Sprache der Arier. Bei den Buddhisten bekam das Wort ârya eine noch beschränktere Bedeutung; es bezeichnete dort denjenigen, Geistlichen oder Laien, welcher, nachdem er die vier Grundwahrheiten begriffen und seinen Wandel darnach gerichtet, eine von den vier Stufen der höchsten Wahrheitserkenntniss erreicht hatte und dadurch auf den Weg gekommen war, der zu der Buddhistischen Seligkeit (nirvâna, Vernichtung) führt. Hier wird ihm daher entgegengesetzt prïthag-jana, die getrennte, bei Seite oder für sich stehende Person, welche sich zwar an Buddha's Lehre angeschlossen hatte, aber noch nicht, mochte sie nun Geistlicher oder Laie sein, ein ârya geworden war **). Obgleich das Wort ârya in Indien nicht als ein eigentlicher Volksname gebraucht ist, hat man doch mit Recht die Ausdrücke ârya und arisch als die passendste Benennung für den Japhetischen Stamm in Indien gewählt, sowohl im Gegensatz gegen die übrigen Stämme, welche Indiens Bevölkerung ausmachen, wie auch gegenüber dem

---

9, 41, 12 (Sâmav. 2, 243): sâhyâma dasyum avratam: lass uns bezwingen den gottlosen Fremden, u. s. w. — In ähnlicher Weise 1, 135, 7: ati vâyo sasato yâbi çaçvato yatra grâvâ vadati tatra gachatam griham indraç ca gachatam: gehe vorbei, Vâyu, bei allen schlafenden; wo der Opferstein tönt, da gehe in das Haus du und Indra. — 1, 176, 4: asunvantam jahi yo na te mayaḥ, asmabhyam asya vedanam doddhi: schlage den, der nicht Soma opfert, der dir nicht Freude gewährt; bringe uns sein Eigenthum. — Ebenso später in Manu's Gesetzbuch, 11, 12:
        yo vaiçyaḥ syâd bahupaçur hînakratur asomapaḥ |
        kuṭumbât tasya tad dravyam âhared yajnasiddhaye ||
„Wenn ein Vaiçya da ist mit vielem Vieh, der nicht opfert und nicht Soma trinkt, nehme er aus dessen Haushalt den Gegenstand zur Vollendung des Opfers."
   *) Yaç ca çûdra uta âryaḥ. Atharvav. 4, 20, 4.
   **) Vergl. Burnouf, Introduction à l'histoire du Buddhisme Indien, p. 290 und Le Lotus de la bonne loi, p. 848.

anderen, verwandten Nachbarstamme, welcher iranisch genannt werden kann, nach dem von arya abgeleiteten und bei ihm heimischen Namen Iran. Der Arische Stamm in Indien hat nicht so wie sein Iranischer Verwandter in den Gang der Weltgeschichte eingegriffen, aber er hat doch eine lange Entwickelung voll von Veränderungen gehabt, welche wir von den ältesten Zeiten wenigstens auf ihren verschiedenen Hauptstufen verfolgen können. Er hat dabei eine äusserst umfangreiche Litteratur hervorgebracht, welche merkwürdig und bedeutungsvoll ist sowohl durch ihr Alter, wie durch ihren Inhalt. Bei der Beurtheilung der Producte der Litteratur in den verschiedenen Zeiten erheben sich mehrere Fragen, welche vorher untersucht und beantwortet werden müssen und deren einige der Gegenstand des Folgenden sein sollen.

Die ältesten Denkmäler haben wir in den zahlreichen Liedern des Rigveda, welche grösstentheils der ältesten Zeit angehören, und diese wird daher die Vedazeit genannt werden können. Diese Lieder sind indessen in religiöser Absicht gedichtet, sie beziehen sich vorzugsweise auf die Verehrung und die Thaten der Götter und bezwecken deren Lob und Preis. Sie bieten daher nicht grade viele Beiträge zur Schilderung der irdischen Verhältnisse und der menschlichen Begebenheiten. Noch weniger zahlreich sind die darin vorkommenden Ortsangaben, aber diese gehören vorzugsweise dem nordwestlichen Indien an, sowohl den Ländern zwischen den Flüssen Sarasvati und Indus, wie dem westlich vom Indus liegenden Gandhâra, und obgleich diese Landstrecken später von dem Brahmanischen Staatsleben zurückblieben und ausserhalb desselben zu stehen kamen, so scheint es doch, dass sie die eigentliche Heimat der Veda-Kultur gewesen sind und dass diese sich von da gegen Osten ausgebreitet hat, gleichzeitig mit oder bald nach dem Vordringen des Arischen Volksstammes in dieser Richtung. Während daher der Indus (Sindhu) und dessen Nebenflüsse öfter erwähnt werden, wird dagegen derjenige Fluss, welcher später der heiligste von allen wurde, die Gangâ, nur ein Mal im Rigveda genannt (10, 75, 5; Nr. 9, 26), zugleich mit der Yamunâ und den westlichen Flüssen, in einem Liede zum Preise des Sindhu und vielleicht an einer anderen Stelle (6, 45, 31), wo gângya bedeuten kann: „am Ufer der Gangâ befindlich." Die östlichste Grenze für die Ausbreitung der Arischen Kultur in diesem Zeitraum scheint Videha, das Land jenseits des Flusses Sarayû, auf dem nördlichen Ufer der Gangâ, und Cedi und Magadha auf dem südlichen gewesen zu sein *). Die Arier wohnten mitten unter den Ungläubigen (dâsa, dasyu, Rv. 6, 25, 2. 1, 104, 5.), welche die frommen Anbeter störten und mit welchen diese mit Unterstützung der Götter beständige Kämpfe führten.

Die Vedazeit zeigt uns zwar die Keime der folgenden Entwickelung, aber sie bildet doch auch in mancher Hinsicht einen bestimmten Gegensatz gegen dieselbe. Man hatte damals schon bedeutende Fortschritte in der Kultur gemacht und das Leben der Gesellschaft geordnet. Die gewöhnlichsten Geschäfte waren Ackerbau und Viehzucht und grosse Heerden bildeten einen wesentlichen Theil des Reichthums. Städte waren gegründet und Handwerker verarbeiteten Metalle zu den nöthigen Geräthschaften für die Arbeiten des Krieges und Friedens; der Kaufmann wagte sich hinaus aufs Meer und brachte Reichthümer von da zurück. Der Häuptling leitete seinen Stamm und führte ihn in den Kampf gegen seine Feinde, sowohl gegen Fremde und Ungläubige, wie ebenso häufig gegen Verwandte und Glaubensgenossen. Der Häuptling trat auch zugleich auf als Priester, welcher das Opfer an die Götter vollzog, und als Sänger, welcher deren Lob und Preis sang, und dies konnte auch jeder Hausvater thun, sogar Frauen

---

*) So heisst es: „Indra, du hast getödtet die beiden Arier, Arṇa und Citraratha jenseits der Sarayû" (sarayoḥ pârataḥ, Rv. 4, 30, 18). In Cedi und Magadha wohnten damals Ungläubige oder Gottlose. Darum heisst es: „Nicht gehe er auf dem Wege, auf welchem die Cedis gehen." (Rv. 8, 5, 39. Böhtlingk's Wb. u. d. W. Cedi). Dagegen werden sie im Mahâbhârata (1, 2344. 8, 2085) gerühmt als rechtschaffene, genügsame und wackere Völker, welche keine Kühe in das Joch spannen und welche das ewige Gesetz kennen. Cedi lag zwischen dem Flusse Tamasâ und Magadha (Lassen, Ind. Alterth. 1, 575). Von Magadha heisst es: „Was nützen dir, o Indra, die Kühe unter den Kikaṭâs? sie melken keine Opfermilch, sie wärmen keinen Opfertrank; bringe uns den Reichthum des Geizigen (pramaganda), gieb den niedrig geborenen in unsere Gewalt." (Rv. 3, 53, 14). Kikaṭa ist nach Nirukta 6, 62 ein von Ungläubigen (anârya) bewohntes Land; sonst wird es als gleichbedeutend mit Magadha angegeben und in dem Worte pramaganda liegt vielleicht eine Hindeutung auf diesen Namen, worauf Weber (Ind. Stud. 1, 186) aufmerksam gemacht hat. Von Magadha ist der Buddhismus ausgegangen und seine Bewohner waren zu Buddha's Zeit Arisch-sprechende. Der Dichter, welcher mit neidischen Augen auf Magadha's Reichthum sah, kann nicht weit davon gelebt haben.

waren davon nicht ausgeschlossen *) Es fanden sich aber auch daneben fromme Männer, welche vorzugsweise Lieblinge der Götter waren, deren Worte bei ihnen grösseres Gewicht hatten und leichteren Eingang fanden, als die Worte anderer, und welche daher auch das gebührende heilige Ansehen genossen und reiche Gaben empfingen **). Es waren dort, wie anderswo, Herren und Sclaven, und Sclaven waren eines von den Gütern des Lebens, nach deren Besitz man verlangte. Aber es ist ein deutliches Merkmal für die Vedazeit, dass das Kastenwesen damals gänzlich fehlte. Die Bewegung und Entwickelung war frei und ungehemmt durch die Schranken der Geburt, es findet sich keine Spur, dass irgend ein freigeborener Mann durch seine blosse Geburt zu einer bestimmten Lebensbahn gezwungen war. Die Wörter, welche später Benennungen der Kasten wurden, hatten noch eine allgemeine Bedeutung: Brahman ist jeder, welcher eine Opferhandlung vollzieht, und nur so lange dieselbe dauert; Kshatra ist Macht, Herrschaft, und Kshatriya der Mächtige, der Herrschende; Viç, der spätere Name für die dritte Kaste, ist ein allgemeiner Ausdruck für Familie, Geschlecht, Hausgesinde, und Viçpati ist nicht, wie später viçâm pati, ein Krieger oder Fürst, sondern nur der Herr und Beschützer des Geschlechtes, der Familie, der Hausvater, und dieses Wort wird daher auch, wie das verwandte gṛhapati (Hausherr) als Beiname des Feuergottes Agni gebraucht ***). Der Name der vierten Kaste, Çûdra, kommt nur in einem einzigen Liede vor, welches durch seine Sprachformen und seinen Inhalt deutlich seinen späteren Ursprung verräth (Rv. 10, 90, 12).

Ein anderes Merkmal für die Vedazeit bietet die Religion dar, im Gegensatz gegen die der folgenden Zeiten. Die Götter der Vedazeit waren Kräfte der Natur, deren wohlthätige Wirkungen der Mensch fühlte und vor deren unerklärlicher Macht er sich willig beugte. Diese Götter wurden in einer grossen An-

---

*) Eine solche Frau war Viçvavârâ, aus Atri's Geschlecht, welche als Priesterin auftritt in dem ihr zugeschriebenen Liede Rv. 5, 28.
**) So preist Kakshivat den König Svanaya an den Ufern des Sindhu, von welchem er auf seine Bitte 100 Nishkas (ein Gewicht Gold), 100 muthige Rosse und 100 Rinder empfangen hatte; dazu zehn vierspännige Wagen mit *(für) Frauen und eine Heerde von 1060 Kühen. Rv. 1, 126, 2, 3.
***) z. B. Rv. 1, 12, 2. 6. Sâmav. 1, 39 = Rv. 8, 43, 19.

zahl um drei Hauptgottheiten zusammen gestellt: den freundlichen Feuergott, den Beschützer des Hauses und den Boten des Menschen an die Götter; den mächtigen Luftgott (Indra), welcher mit seinem Blitze den fruchtbringenden Regen der Gewalt der bösen Wesen entreisst und den hohen Sonnengott, welcher alles Leben hier auf Erden hervorruft. Diese wurden auch in den folgenden Zeiten verehrt, aber nicht mehr als die höchsten und mächtigsten; sie traten zurück gegen andere, früher gänzlich oder zum Theil unbekannte Götter, Brahman, Vishnu und Çiva, welche sich über sie emporhoben. Die Verehrung der Vedagötter war eine Nothwendigkeit, sowohl für den Menschen, welcher ihrer Herrschaft huldigen, ihre Gnade gewinnen oder ihren Zorn versöhnen musste, wie auch für die Götter selbst, da diese ohne Verehrung und Opfer die Kraft verlieren würden, ihre Macht gegen die lauernden Feinde zu behaupten und damit zugleich das Vermögen, den Frommen zu helfen. Daneben herrschte die zuversichtliche Gewissheit, dass die Götter bereit und willig seien, die Wünsche des Frommen zu erfüllen und ihm die Güter des Lebens zu schenken, über welche sie geboten. Aber man glaubte noch nicht, dass man sich dieselben erzwingen könne durch selbstsüchtige Bussübungen und Kasteiungen, auch nicht dass die Schicksale dieses Lebens eine grade Folge der Handlungen eines früheren Lebens seien. Denn man kannte noch nicht die Seelenwanderung, welche mit einem alles überwältigenden Drucke auf dem Bewusstsein der folgenden Zeiten lastete. Man hoffte unsterblich zu werden bei den ewigen Göttern, obgleich man noch nicht mit so grossem Ernste, wie später, die Gedanken auf die Zukunft gerichtet zu haben scheint. Dazu liebte man das augenscheinliche Leben hienieden viel zu sehr und freute sich an dessen Genuss. Die Weise, in welcher die Verehrung der Götter vor sich ging, war noch frei von erzwungenen Formen; sie wurde vollzogen von dem Frommen nach seines Herzens Drang, so wie er glaubte, dass sie dem Gotte, welchen er suchte, am meisten willkommen sein würde. Das Gebet und das Lob, welches dargebracht wurde, musste ganz frei aus der Seele Begeisterung ertönen. Darum wird es oftmals ausgesprochen, dass ein Lied neu, früher nicht gehört sei; es war das neue und frische Lied, auf welches die Götter vorzüglich lauschten und welches das grösste Gewicht bei ihnen hatte.

Das älteste Zeitalter war durch einen grossen Zwischenraum von dem folgenden geschieden, an welches sich eine reiche Litteratur knüpft. In diesem begegnet uns deutlich eine neue Entwickelung mit neuen Formen für das gesellige Leben. Diese Entwickelung strebte hin auf eine unbeweglich stillstehende Unveränderlichkeit der Verhältnisse der früheren oder damaligen Zeit und erfolgte mit einer so umfassenden und durchgreifenden Kraft, dass nicht bloss die Hauptveränderung, welche sie hervorrief, sich durch alle folgenden Zeiten erhalten und vermehrte Stärke gegen jeden Widerstand gewinnen konnte, sondern dass sie auch dem Zustande unter allem Wechsel einen gewissen Schein von Unveränderlichkeit geben konnte. Diese Hauptveränderung, welche das wichtigste Merkmal für dieses Zeitalter im Gegensatz gegen das vorhergehende ist, war die Ausbildung des Kastenwesens, wodurch die Arische Gesellschaft sich in vier Hauptkasten theilte, welche zwar gegenseitig nothwendig waren zur Aufrechthaltung der ganzen gesellschaftlichen Ordnung, welche aber selbständig dastanden, jede für sich mit bestimmten heiligen Verpflichtungen, ohne dass sich eine innere Verbindung zwischen ihnen gefunden hätte, oder ein gegenseitiger Uebergang in diesem Leben möglich gewesen wäre. Als die Kasten ihre volle Entwickelung erreicht hatten, wurde der erste Rang eingenommen von dem Brāhmaṇa, welcher der Priester und Lehrer für seine eigene und die anderen Kasten war. Nach ihm kam die Kriegerkaste oder der Adel, dessen Beruf es war, den anderen den Schutz zu gewähren, dessen sie zur Ausführung ihrer Geschäfte bedurften. Die dritte Kaste umfasste diejenigen, deren Beschäftigung Ackerbau, Viehzucht und Handel waren, und die vierte die freigeborenen Diener, Handwerker und Handarbeiter. Ausserhalb der Kastenordnung standen die Sclaven, die abgefallenen und ausgestossenen, nebst den arischen oder nicht-arischen Völkerschaften, welche sich nicht vollständig der brahmanischen Kultur eingereihet hatten. Die ältesten Quellen, welche aus diesem Zeitalter übrig sind, zeigen uns die Entwickelung der Kasten so gut wie vollendet. An die Uebergangszeit von dem vorhergehenden zu diesem Zeitalter knüpfen sich nur wenige Erinnerungen, und nur einzelne Ueberbleibsel der Litteratur können auf dieselbe zurückgeführt werden, was nicht so wunderbar ist, da alle unsere Denkmäler von der Brahmanenkaste stammen oder durch ihre Hände gegangen und durch ihre Auffassung der Verhältnisse verändert worden sind. Wir können desshalb nicht Schritt für Schritt der Veränderung folgen, welche eintrat, als die Stände zu Kasten wurden, zu welchen die Geburt allein Zugang gewähren konnte; aber wir können doch sehen, dass diese Veränderung hauptsächlich hervorgerufen wurde durch die Entwickelung eines eigenen Priesterstandes, und wir können ausserdem die wesentlichsten Umstände nachweisen, welche die Entwickelung dieses Standes begünstigten und demselben gestatteten, seine immer zunehmende Macht und seinen Einfluss dergestalt für die Familien des Standes zu befestigen, dass derselbe als Erbschaft auf deren Nachkommen übergehen konnte. Der am wesentlichsten mitwirkende Umstand war die Veränderung, welche in den religiösen Anschauungen der Arier eintrat. Mit stets wachsender Kraft machte sich jetzt der Glaube geltend, dass die Götter nur auf diejenigen Lieder hören würden, durch welche sie von den Vätern und Vorvätern verehrt und angebetet worden, und dass diese Lieder keinen menschlichen Ursprung hätten, sondern von den Göttern geschenkt und ihren frommen Lieblingen offenbart seien, welche dieselben dann öffentlich verkündet hätten zum Nutzen der Menschen. Damit die heiligen Lieder ihren Zweck erfüllen konnten, war es durchaus nothwendig, dass sie ohne Veränderung ganz so wiedergegeben wurden, wie die Götter sie offenbart hatten, und man befestigte sich zuletzt dermassen in dem Glauben an die heilige Kraft der alten Lieder, dass man das blosse Wiedergeben der Wörter mit ihrem richtigen Laute und in ihrem richtigen Zusammenhange als die Hauptsache ansah und das Verständniss derselben oder des Inhaltes des Liedes als das untergeordnete und minder wichtige; ja es wurde sogar gradezu, und zwar schon zeitig, die Behauptung aufgestellt, dass die heiligen Lieder überhaupt keine dem Menschen verständliche Bedeutung haben könnten [*]). Ausserdem begann der Opferdienst zeitig feste und bestimmte Formen anzunehmen, und es verbreitete sich der Glaube, dass auch dieser von den Göttern offenbart sei, und dass folglich diese forderten, dass das ihnen

---

[*]) Diese Behauptung wurde von einem alten Veda-Lehrer, Kautsa, aufgestellt, der schwerlich ganz allein gestanden hat, da Yâska ausführlich die Gründe widerlegt, welche zu Gunsten derselben angeführt worden waren (Nirukta 1, 15. 16).

zukommende Opfer ihnen gebracht und die Opferung vollzogen werde in der Weise und in den Formen, welche sie selbst im Anbeginn der Zeit angeordnet hätten. Hierdurch wurde es nothwendig, sich an solche Männer zu wenden, welche den Willen der Götter in dieser Hinsicht kannten und daher am besten die Fürsprecher der Menschen sein konnten, und man wandte sich natürlich an die Familien, welche von den Sängern der alten Lieder abstammten, die nach dem allgemeinen Glauben dieselben von den Göttern empfangen hatten, und der Drang nach solchen Fürsprechern vermehrte das Ansehen und den Einfluss, welchen sie schon durch ihre Einsicht und Frömmigkeit bei der gläubigen Mitwelt gewonnen haben mussten. Von dem Opferdienste kommt auch der Name, mit welchem die ganze Priesterkaste benannt wurde. Das Wort Brahman (abgeleitet von der Wurzel brih, gross werden, wachsen, aufschwellen) kommt in den alten Liedern in zwei Formen vor: theils bezeichnet es als Neutrum die heilige Handlung oder das andächtige Gebet und das begeisterte Wort, durch welches das Herz aufschwillt in Sehnsucht nach seinem Gott; theils wird es als Masculinum von jedem gebraucht, der die Handlung vollzieht und das begeisterte Wort ausspricht. Als der Opferdienst zunahm an feierlicher Pracht und die Anwesenheit mehrerer Priester verlangte, deren jeder seine bestimmten Verrichtungen hatte, wurde der Name Brahman auf denjenigen übertragen, welcher die ganze Handlung leitete. Seine Stellung war die schwierigste, da er nicht bloss mit dem Gange der ganzen Handlung vertraut sein, sondern auch die Fähigkeit besitzen musste, bei eintretenden Unglücksfällen Rath zu schaffen, und die Kraft, alle Wesen des Unfriedens abzuwehren; aber diese Stellung wurde dadurch auch die angesehenste. Als danach die Formen für die Opferhandlungen dergestalt an Umfang und Menge wuchsen, dass es für den einzelnen schwierig wurde, die vollste Ausdehnung der ganzen Kenntniss nach allen Richtungen zu bewältigen, theilte sich in Folge hiervon das Studium der Liturgie, und es bildeten sich drei Klassen von Opferpriestern (ṛtvij), nämlich ein Hotar, welcher die Lieder hersagte, durch welche der Gott des Opfers eingeladen, verehrt oder angefleht wurde; ein Chandoga oder Udgātar, welcher die Handlung mit seinem Lobgesange begleitete, und ein Adhvaryu, welcher unter halblautem Hermurmeln von Opferversen und Opferworten die Geschäfte der

Opferhandlung verrichtete; und von diesen lernte jeder und verstand gründlich nur seine eigene Rolle und jeder bekam seinen eigenen Veda *). Hierdurch musste die Stellung des alle die anderen leitenden Brahman noch im Ansehen steigen, und da er zu keiner einzelnen der drei Klassen von Opferpriestern gehörte, während sie doch alle den Anspruch machten, vorzugsweise geschickt zu sein, die Opferhandlung zu leiten oder deren Brahman zu sein, und dieselbe Forderung von einzelnen Familien oder für dieselben gestellt wurde **), so wurde dieser Name, obgleich wie es scheint einzelne Widersprüche dagegen vorkamen ***), natürlich der gemeinschaftliche Name am häufigsten in der abgeleiteten Form Brâhmaṇa, für alle Priester und für alle Mitglieder der Kaste. Daneben bekam das Neutrum brahman nicht bloss die Bedeutung des heiligen Wortes im Allgemeinen oder der ganzen Offenbarung †), sondern es bezeichnete auch die geistige Macht, welche aus der Kenntniss der Offenbarung folgt und mit ihr verbunden ist (Mn. 11, 84), wie auch überhaupt die ganze Priesterskaste.

Das Ansehen und der Einfluss, welchen einzelne Geschlechter durch ihr heiliges Wissen und ihre Frömmigkeit erworben hatten, stieg noch mehr, da Häuptlinge und Reiche ihren Beistand zur Gewinnung der Gnade der Götter bereitwillig entgegen nahmen und eifrig suchten, um dadurch ihre eigene Macht und ihren Reichthum zu behaupten oder zu vermehren. Hiedurch wurde der Grund zu einer eigenen priesterlichen Stellung gelegt und der Priester, welcher sie einnahm, wurde Purohita genannt, d. h. derjenige, welcher vorangestellt ist (vor den Geber des Opfers) oder an die Spitze (des Opfers). Die Stellung war ursprünglich zeitweilig, nur bestimmt für die einzelne Handlung, zu deren Leitung der Priester gerufen war, und er war so lange Brahman den anderen Opferpriestern gegenüber und Purohita

---

*) Der Rigveda war für den Hotar, der Sâmaveda für den Chandoga, der Yujurveda für den Adhvaryu.

**) Die Taittirîya-Samhitâ sagt, dass ein Vasishtha zum Brahman gewählt werden sollte (3, 5, 2, nach M. Müller's Ancient Sanscrit Literature, p. 488).

***) So werden im Taittirîya-Brâhmaṇa die vier Kasten benannt: adhvaryu, râjanya, vaiçya, janya (nach Böhtlingk's Wörterb. u. d. W. janya).

†) z. B. brahma svayambhu, das durch sich selbst existirende Wort (Nir. 2, 11); vgl. Manu 2, 144.

in seinem Verhältniss zu dem Geber des Opfers, für welchen er
als Fürsprecher bei den Göttern auftrat. Die alten Lieder rathen
oft, einen Brahman anzunehmen und ihm die gebührende Ehre
zu erweisen und ihm reiche Gaben zu schenken, und heben mit
starken Worten den Nutzen hervor, welcher daraus entspringen
werde*). Diese Stellung wurde dauernd und ein Purohita schloss
sich als Hauspriester an die einzelnen Familien, für deren Haupt
er die gewöhnlichen und die feierlichen Opferhandlungen aus-
führte und für deren Mitglieder er die heiligen Gebräuche vollzog, welche für jeden frommen Menschen und von ihm in den
verschiedenen Zeitpunkten des Lebens von seiner Geburt bis zu
seinem Leichenbegängniss beobachtet werden mussten. Die Stellung
eines Purohita musste um so viel mehr an Bedeutung und Einfluss zunehmen, als der Glaube Eingang fand, dass selbst das
Schicksal mächtiger Könige von dem Priester abhänge, welcher
einerseits durch die Vollziehung von Opfern auch für den schwachen
und niedrigen die Kraft erwerben konnte, das höchste Ziel seiner
Wünsche zu erreichen, aber andererseits auch dem undankbaren
die Kraft nahmen, welche ihm gegeben war, und die Güter und
Vortheile, welche er durch dieselben gewonnen hatte**). Wo der

---

*) In einem Liede von Vâmadeva zum Preise der Gottheit, welche für
das heilige Andachtsgebet sorgt und das begeisterte Wort erweckt (Brihaspati)
heisst es: „Der weilet glücklich in seinem Hause, dem bringet Frucht die
Erde zu allen Zeiten, es neigen sich alle Geschlechter willig dem Könige,
welchem der Brahman vorangeht. Unwiderstehlich gewinnt er Reichthümer
von Feinden wie von Freunden, wer reich beschenkt den Brahman, der ihn
anfleht, den König schützen die Götter." (Rv. 4, 50, 8. 9.) Das Aitareya-
Brâhmana sagt, dass die Götter das Opfer des Königs, welcher keinen Purohita hat, nicht essen, und dass daher jeder König, wenn er opfern will,
einen Purohita berufen muss. (s. Wilson's Rigveda, III, p. 214.)

**) Das Aitareya-Brâhmana erzählt, dass Janamejaya, Sudâs, Bhârata und
die anderen alten Helden die ganze Erde bezwangen, bloss durch die Kraft,
welche ihnen von ihren Priestern durch die Vollziehung des grossen Salbungs-
opfers verliehen war. Dieses Opfer vollzog Vasishtha's Sprössling Sâtyahavya
für Atyarâti, Janantapa's Sohn, und daher konnte Atyarâti, obgleich er nicht
König war, die ganze Erde bezwingen. Darauf wandte sich Sâtyahavya an
ihn mit den Worten: „Du hast die ganze Erde gewonnen, verleihe mir jetzt
Hoheit." Aber Atyarâti antwortete: „Wenn ich Uttarakuru gewonnen haben
werde, so sollst du König der Erde werden, heiliger Mann, und ich will nur
dein Heerführer sein." Da brach Sâtyahavya in die Worte aus: „Uttarakuru
ist das Land der Götter, das kann kein Sterblicher bezwingen. Du bist un-

Priester über eine solche Macht gebot, da musste sein Wort auch in anderen Richtungen, als der bloss priesterlichen, Gewicht haben. Als endlich die Stellung des Purohita in gewissen Priesterfamilien erblich wurde, deren Mitglieder für vorzugsweise geschickt gehalten wurden, dieselbe auszufüllen, so war die Möglichkeit der Ausbildung einer Brahmanen-Kaste gegeben, und sie wurde unterstützt durch das Streben der Zeit nach einer Unveränderlichkeit der Verhältnisse. Aber in der Uebergangszeit stand der Zugang zum Priesteramte, die Erwerbung der Kenntniss der priesterlichen Handlungen und die Berechtigung sie auszuführen, jedem Liebling der Götter offen, von welchem Geschlecht und Stande er auch sein mochte *) Priesterfamilien

---

dankbar gegen mich gewesen, darum nehme ich deine Macht von dir zurück." Dadurch geschah es, dass Çuschmina den Atyarâti schlagen konnte, welcher seiner Kraft und seiner Stärke beraubt war. Es wird hinzugefügt: Darum soll kein Häuptling sich undankbar zeigen gegen den Priester, welcher die Opferhandlung kennt und vollzieht, damit er nicht sein Reich und sein Leben verliere (Colebrooke Misc. Essays, 1, 43).

*) Devâpi und Çantanu waren Brüder, Söhne des Rishtishena und Nachkommen des Kuru, gehörten also zu einem allgemein bekannten Kriegergeschlechte. Obgleich Çantanu der jüngste war, liess er sich doch als König salben, und der ältere Bruder gab sich frommen Kasteiungen hin. Aber in Çantanu's Reiche liess Indra zwölf Jahre lang nicht regnen. Da sagten die Brahmanen zum Könige: „Du hast Unrecht gethan, dich salben zu lassen mit Uebergehung deines älteren Bruders, darum giebt der Gott dir keinen Regen." Çantanu bot nun seinem Bruder das Reich an, aber dieser sagte: „ich will dein Purohita sein, ich will deine Opfer für dich vollziehen." So lautet die ältere Darstellung, die der Brahmanen, bei Yâska (Nir. 2, 10), nach Anleitung von zwei Versen im Rigveda (10, 98, 5. 7.), welche auf ein solches Ereigniss hindeuten. Devûpi's Uebergehung in der Thronfolge erhielt sich als eine allgemeine Sage, aber andere Zeiten haben eine mit den herrschenden Verhältnissen mehr übereinstimmende Erklärung und Auflösung gesucht. Nach dem Mahâbhârata (5,5056 u. f.), welches vielleicht am nächsten die Auffassung der Kriegerkaste giebt, litt Devâpi an einer Hautkrankheit, war aber im Uebrigen gut und fromm und durchaus enthaltsam. Als der Vater ihn als seinen Nachfolger salben lassen wollte, verhinderten es die Brahmanen, weil die Götter kein Wohlgefallen an einem solchen Könige finden würden, und der Vater liess deshalb den jüngeren Bruder salben. Es ist da keine Rede von einer zwölfjährigen Dürre. Der jüngere Bruder heisst dort Çantanu (wie auch 1,3799. 3882), und der Vater Pratîpa. Dieselben Namen kommen vor in dem späteren (brahmanischen) Vishnu-Purâna (p. 458), welches erzählt, dass auf Çântanu's Frage, weshalb in zwölf Jahren kein Regen gefallen sei, die Brah-

schlossen auch eheliche Verbindungen mit den anderen Ständen, namentlich mit Kriegerfamilien, ohne dass sich daran der Tadel und die Missbilligung knüpfte, welche dieselben später traf*). Heilige Weise trugen noch kein Bedenken, sich mit Sclavinnen zu verheirathen, deren Söhne dasselbe heilige Ansehen erlangen konnten, welches der Vater besass **).

---

maneu geantwortet hätten, es sei geschehen, weil er sich der Herrschaft bemächtigt hätte, die seinem älteren Bruder zukomme, und hinzugefügt, so lange Devâpi nicht den rechten Weg verlasse, würden ihm die Götter ihre Gunst nicht entziehen. Als der Minister des Königs dies hörte, sendete er fromme Irrlehrer in den Wald, wo Devâpi Busse übte, und diese verführten den Leichtgläubigen, ketzerische Meinungen anzunehmen. Als Çântanu nun in den Wald kam, um dem Devâpi das Reich zurückzugeben, sprach dieser in einem Wortwechsel mit den begleitenden Brahmanen so ungebührliche Anschauungen aus, dass diese unwillig wurden und dem Çântanu versicherten, das Reich gehöre ihm mit Recht, da Devâpi ein Abgefallener sei und daher alles Erbrecht verloren habe. Als der König zurückkam, liess Indra auch einen reichlichen Regen fallen, dem eine reiche Ernte folgte. — Ein Sohn einer Sclavin war Kavasha Ailûsha (d. i. Sohn des Ilûsha, der sich sonst nicht erwähnt findet, und dessen Stand unbekannt ist). Nach einer brahmanischen Sage, welche im Aitareya- und im Kaushîtaki-Brâhmaṇa steht, fand sich Kavasha bei einem Opfer am Flusse Sarasvatî ein. Die Ṛishis aber sagten: „Du bist der Sohn einer Sclavin, ein falscher Brâhmaṇa, wie kannst du Theil nehmen an einem Opfer mit uns?" (oder: wir wollen nicht mit dir zusammen essen). Sie jagten ihn fort in die Wüste, aber die Sarasvatî folgte ihm nach. Da sie dies sahen, riefen sie ihn zurück (M. Müller, Anc. Lit. p. 58). Dem Kavasha wird eines von den Liedern des Rigveda (10, 30) zugeschrieben und ein Tura Kâvasheya war später einer von den Opferpriestern bei Janamejaya's berühmtem Salbungsopfer. (Im Kâṭhaka wird ein Kavasha Ailûshîputra d. i. Sohn der Ailûshî, erwähnt. Ind. Stud. 3, 459.)

*) Selbst der Held der Brahmanenkaste, welcher die Kriegerkaste ausrottete, war aus einer solchen Verbindung entsprossen, da sowohl seine eigene, wie seines Vaters Mutter Königstöchter waren (Mahâbh. 3, 10144—74). Aber dies ist vielleicht nur die Erklärung der Kriegerkaste von ihrer eigenen untergeordneten Stellung, welche die Brahmanen von ihnen annahmen, da sich sonst keine Sage über diese Begebenheit in dem älteren Theile der priesterlichen Litteratur zu finden scheint.

**) Kakshîvat war der Sohn einer Sclavin Usij von dem Weisen Dîrghatamas (s. Sâyana zu Rv. 1, 125, 1). Er wird als Verfasser der Lieder Rv. 1, 116—126 genannt, und Dîrghatamas als Verf. von Rv. 1, 140—164. Dieser war ein Sohn des Ucathya aus Angiras' Stamm, Dichters von Rv. 9, 50—58 (Böhtlingk's Wörterbuch). Ein anderer Sohn der Usij, Dîrghaçravas, wird Rv. 1, 112, 11 erwähnt als Kaufmann, welcher von den beiden Açvins beschützt wurde.

Die Ausbildung der Brahmanenkaste zog zugleich die der Kriegerkaste mit sich. Die Familien, welche die anderen überragten an Reichthum und Macht, die als Erbe auf ihre Nachkommen übergingen, mussten leichter dahin kommen, einen Geburtsadel zu bilden, und das Wort Kshatra, Macht, Herrschaft, kam dadurch zu der Bedeutung: Besitzer von Macht im Allgemeinen, Krieger- oder Adelskaste. Brahman und Kshatra, das Wort und die Macht gingen mit einander. Die mächtigen Geschlechter stützten sich auf die priesterlichen und beide konnten nicht blind sein für den Vortheil, welchen gegenseitige Verbindung und Unterstützung ihnen der grossen Masse des Volkes gegenüber gewähren mussten. Es wird auch oft ausgesprochen, wie sehr beide Kasten einander bedürfen, um recht zu gedeihen und zu blühen*) Es giebt einzelne Erinnerungen an die Zeit, wo noch der Priester den König als seinen Oberen anerkannte und sich unter ein von Kriegern gesprochenes Urtheil beugte**), und wo Könige, obgleich vergebens, Einspruch thaten gegen den

---

*) „Ohne das Brahma gedeiht das Kshatra nicht, ohne das Kshatra wächst das Brahma nicht; Brahma und Kshatra vereinigt wachsen hier und dort." (Manu 9, 322.)

**) Vrïça war nach der Sage Purohita bei dem Könige Tryaruna, aus Ikshvâku's Stamm. Es war damals Sitte, dass der Priester Kutscher war, wenn er mit dem Könige zusammen fuhr. Bei einer solchen Gelegenheit fuhr der Wagen über einen Brahmanenknaben, welcher auf dem Wege lag, und tödtete ihn. Nun entstand ein Wortstreit zwischen ihnen, wer der Tödter sei. Der König behauptete, es sei der Priester, welcher Kutscher war; aber dieser machte geltend, dass der Wagen dem Könige gehöre und die That falle also diesem zur Last. Eine Versammlung von Sprösslingen des Ikshvâku, also von Kriegern, wurde berufen, um diese Frage zu entscheiden, und deren Urtheil fiel gegen den Priester aus, welcher sich auch demselben unterwarf, obgleich er dasselbe für ungerecht hielt. Der Priester reinigte sich übrigens dadurch von dem Verbrechen, dass er durch die Kraft seiner Gebete dem Knaben das Leben wiedergab, aber er verliess aus Verdruss über das gefällte Urtheil die Königliche Familie. Von der Stunde an verlor das Feuer bei derselben seine Kraft und wollte nicht brennen, bis er bewogen wurde, zurück zu kehren. So Sâyana zu Rv. 5, 2, 1 nach dem Çâtyâyana-Brâhmana (Yajurveda); er führt auch nach dem Tândaka-Brâhmana (Sâmaveda) an, dass es der König selbst war, welcher den Knaben überfuhr und tödtete, und dass Vrïça als Purohita des Königs auf dessen Aufforderung den Knaben wieder ins Leben rief.

anmassenden Uebermuth der Brahmanen*). Endlich scheint ein blutiger Kampf um den Vorrang und die Macht zwischen beiden Kasten geführt worden zu sein. Es ist nämlich eine Sage erhalten, dass der Weise Ràma, Jamadagni's Sohn, um seinen Vater zu rächen, welcher von einigen Königssöhnen getödtet war, im Kampfe einundzwanzigmal die Kriegerfamilien vernichtete und darauf bei seinem Opfer die Erde den Priestern als Opfergabe schenkte (Mahâbh. 3, 10200 u. f.), und es wird behauptet, dass die neue Kriegerkaste, welche nothwendig war zur Aufrechthaltung der Staatsordnung, der Brahmanenkaste ihren Ursprung verdanke (Mn. 9, 320—21). Es ist an und für sich nicht unwahrscheinlich, dass ein blutiger Kampf stattgefunden hat, und es war vielleicht grade ein solcher, welcher, indem er der Priesterkaste ihr Uebergewicht gab, zugleich die Entwickelung der Kasten zum Abschluss brachte und somit die Grenze der Untergangsperiode bezeichnet. Die Entwickelung der beiden anderen Kasten hat keine Erinnerung in der Litteratur zurückgelassen, sie war eine natürliche Folge der Bildung der beiden höheren Kasten. Wir haben in der dritten Kaste (der Vaiçyas) den vermögenden, besitzenden Theil des Volkes, welcher, zurückgestossen von den beiden Kasten, die sich über ihn erhoben hatten, sich wieder abschloss gegen die niedriger stehende Klasse, die Armen, Besitzlosen, welche dann die vierte oder Çûdrakaste ausmachten. Diese lebte unter äusserst harten Umständen; sie war ausgeschlossen von aller Theilnahme am religiösen und geistigen Leben; das einzige Geschäft, welches sie auszuführen hatte, war, den drei anderen Kasten zu dienen, namentlich den Brahmanen, und ihre Lage war oft nicht verschieden von der leibeigener Sclaven. Obgleich die dritte Kaste Theil nahm an dem religiösen Leben und daher auch zwiegeboren war, wie die beiden höheren Kasten, so lastete doch der Kastendruck dergestalt auf ihr, dass sie sich allmälig in mehrere Abtheilungen spaltete, jede mit ihren eigenen erblichen und nothgedrungenen

---

*) Im Aitareya-Brâhmana (7, 27) wird erzählt, dass Viçvantara, Sushadman's Sohn, opfern wollte ohne Theilnahme der Çyâparnas, und dass schon früher Janamejaya, der Sohn des Parikshit, dasselbe thun wollte ohne die Abkömmlinge des Kaçyapa (Roth, zur Litt. d. Weda, S. 118; Indische Studien 1, 38. 204).

Geschäften*); sie war dem Krieger steuerpflichtig für den Schutz, den er ihr gewährte. Die Aufgabe des Kriegers war, über die Staatsordnung zu wachen, und jeder Bruch derselben innerhalb seines Gebietes wurde ihm als Schande und Verbrechen angerechnet, welche der Götter Zorn und Strafe herabriefen**). Der Krieger stand so weit unter dem Brahmanen, dass er nicht sein Gast sein konnte (Manu 3, 110 u. f.). Der Brahmane war Herr der Kasten und war' unverletzlich. Ihm gehörte die ganze Erde und ihre Güter, und nur durch seine Barmherzigkeit nahmen die anderen Kasten Theil am Genusse derselben (Manu 1, 101). Sein Unterhalt lag den anderen Kasten ob, namentlich dem Krieger, denn dessen Schuld war es, wenn ein Brahmane Noth litt (Mn. 11, 21). Es war deren Pflicht, Gaben zu geben, und nur der Brahmane hatte das Recht, solche zu empfangen. Der ganzen Kastenordnung wurde sogar ein göttlicher Ursprung zugeschrieben; es war der Schöpfer Brahman selbst, welcher sie im Anbeginn der Zeit hervorgebracht hatte, den Brahmanen aus seinem Angesicht, den Krieger aus seinen Armen, den Vaiçya aus seinen Lenden und den Çûdra aus seinen Füssen***).

Brahman selbst ist ein neuer Gott, der zugleich mit anderen, z. B. dem Gott des Reichthums, Kuvera, bei der neuen Ent-

---

*) So stark machte sich überhaupt die Erblichkeit geltend, dass bei Manu (3, 136—137) die Frage aufgeworfen wird, wer am höchsten stehe, der Vedakundige Sohn eines unwissenden Vaters, oder der unwissende Sohn eines Vedakundigen. Darauf wird geantwortet, dass der letztere von beiden den Vorzug verdiene, aber dass der erstere Anspruch auf alle Achtung und Ehre habe.

**) Diese brahmanische Auffassung hat der Dichter Kâlidâsa deutlich geschildert. Als Daçaratha's Sohn, Râma, die Erde beherrschte, brachte einmal ein Brâhmana dem Könige unter lauten Vorwürfen seinen leblosen Sohn, den ein unzeitiger Tod getroffen hatte. Der König wurde beschämt, dass ihm dies zugestossen, und da er hörte, dass an irgend einem anderen Orte ein Bruch der gesetzlichen Ordnung geschehen sein müsse, zog er aus, um dies auszufinden. Da sah er einen Çûdra, der sich strengen Kasteiungen hingegeben, um einen Platz bei den Göttern zu erlangen, und fand hier, was den Bruch verursacht hatte; denn ein Çûdra hatte nicht das Recht, dergleichen zu unternehmen. Als er daher dem Sünder den Kopf abgeschlagen, gab der Gott des Todes dem Sohne des Brâhmana das Leben wieder (Raghuvançça 15, 40 u. f.)

***) Manu 1, 31. 87. und hiemit übereinstimmend Rigv. 10. 90.

wickelung auftrat, und er als einziger oberster Gott ist ein Kennzeichen dieses Zeitalters, gegenüber dem folgenden. Es war das göttliche Wort (brahman, neutr.), welches zu einem persönlichen Gott wurde (brahman, masc.), der durch sich selbst entstanden war (svayambhû), der Schöpfer der Welt, von welchem wieder die heilige Offenbarung ausgegangen war. Durch eine neue Abstraction entstand ferner die Vorstellung von einem Brahman (neutr.), der reine Gottesbegriff, der innerste Grund von allem, der ewige Weltgeist, von welchem der persönliche Gott Brahman (masc.) eine einzelne Aeusserung war und aus welchem alle Wesen geboren werden, durch welchen die geborenen leben und wohin sie wieder kommen, wenn sie von hier fortgehen*), aber welcher unfasslich ist für den Menschengeist, wenn sich derselbe nicht von allen Fesseln des Daseins frei gemacht hat. Die Vereinigung mit Brahman war nun das Ziel und Ende des Daseins, aber dies konnte nur von dem gläubigen Brahmanen erreicht werden, welcher der Welt völlig entsagte und seinen ganzen Sinn auf die Erkenntniss seines Gottes richtete. In Verbindung hiermit entwickelte sich die Lehre von der Seelenwanderung und ein fester und unerschütterlicher Glaube an dieselbe, welcher sich ebenso, wie das Kastenwesen, durch alle folgenden Zeiten fortpflanzte. Hienach war das irdische Leben gradezu eine Folge der vielen vorhergehenden und ein Keim der folgenden. Da das waltende Schicksal jedes einzelnen eine Wirkung und Folge der Handlungen des vorigen Lebens war, so war jedem die Macht gegeben, auf sein Schicksal einzuwirken und es allmälig zu bilden, und dadurch war für alle die Möglichkeit eröffnet, im Laufe der Zeit die höchste gesellige Stufe und von da aus die ewige Seligkeit zu erreichen.

Ein neues Zeitalter begann mit Buddha's Auftreten und mit der schnellen Ausbreitung seiner Lehre. Die Arische Entwickelung theilte sich nun in zwei Hauptrichtungen, deren jede ihren eigenen Weg ging. Neben der brahmanischen Entwickelung erschien die buddhistische, welche sich allmälig weit über Indiens Grenzen ausbreitete und eine eigenthümliche umfangs- und inhaltsreiche Litteratur hervorrief, welche viele Beiträge zur Schilderung der Verhältnisse in Buddha's Zeit enthält. Buddha's Lehre war kein

---

*) Nach der Çruti (einem Brâhmana) bei Kullûka zu Manu 1, 5.

vollständiger Gegensatz gegen die brahmanische Lehre; in mancher Hinsicht theilte er die Anschauungen seiner Zeit. Er stimmte überein mit derselben in seinem festen Glauben an die Seelenwanderung und an das über dem Ergehen aller Wesen waltende Schicksal als eine Folge der Handlungen des vorangegangenen Lebens; er nährte daher auch die Ueberzeugung von der Nothwendigkeit des Kastenwesens und von dessen Uebereinstimmung mit der Ordnung der Natur. Aber indem er die ewige Göttlichkeit der brahmanischen Götter leugnete und als Folge hiervon den ganzen Opferdienst als unnöthig und unnütz verwarf, und indem er einen eigenen Lehrer- oder Priesterstand bildete, welcher für Jedermann, selbst für den geringsten offen stand, untergrub er den übermächtigen Einfluss der Brahmanen-Kaste und veranlasste dieselbe zum Widerstande und zur Vertheidigung ihrer Vorrechte. Hiedurch wurde diese Kaste genöthigt, sich an die anderen Kasten zu wenden und in diesen ihre Stütze zu suchen und nun zeigt sich eine neue Richtung in den religiösen Anschauungen und dem Glauben der Brahmanen. Neben dem Gott Brahman hatten sich zwei andere Gottheiten gebildet, welche zwar von den Brahmanen gering geachtet wurden, aber doch schon zu Buddha's Zeit einige Verbreitung ausserhalb des Kreises derselben gefunden zu haben scheinen. Diese beiden Götter wurden nun in den Glauben der Brahmanen aufgenommen und mit den beiden alten Vedagöttern vereinigt. Der eine wurde zusammengeschmolzen mit dem vorwärts schreitenden Vishnu, dem mystischen Symbol der Zeit*), und der andere mit dem wilden Sturmgott Rudra, dem Vater der Winde**). Die Verehrung dieser beiden Götter als Hauptgötter ist ein Kennzeichen dieses Zeitalters. Sie wurden nämlich dem Schöpfer Brahman als Ebenbürtige zur Seite gestellt. Vishnu als Erhalter der Welt und Çiva als Vernichter, und man suchte alle drei als eine Einheit in drei Gestalten (trimûrti) zusammen zu fassen. Aber die Verehrung der beiden neuen Götter gewann dergestalt die Oberhand, dass Brahman ganz bei Seite gedrängt wurde und die brahmanische

---

*) Vishnu ist trivikrama, mit drei Schritten begabt. In diesen verweilen alle Wesen (Rv. 1, 154, 2). Von seinen zwei Schritten zieht der Sterbliche Nutzen, den dritten (die Zukunft), fasst er nicht (Rv. 1, 155, 5, 6).
**) A. Weber, Indische Stud. 2, 20. 21.

Welt theilte sich in religiöser Hinsicht in zwei einander entgegengesetzte und feindliche Haupttheile, jeder mit seinen eigenen äusseren Kennzeichen, von denen der eine den Vishnu, der andere Çiva als obersten Gott aufstellte, dem alle anderen Götter untergeordnet waren*). Diese beiden Haupttheile spalteten sich im Laufe der Zeit in zahlreiche Unterabtheilungen und Sekten, welche aber alle fortfuhren, den Vedas, so sehr sie auch von deren Lehre abwichen, dieselbe heilige Geltung beizulegen, wie ihre Vorväter gethan hatten. Beide Parteien haben eine eigenthümliche Litteratur hinterlassen, aber es waren besonders die Anbeter Çiva's, welche den Gebrauch der Sanskritsprache festhielten und die Sanskritlitteratur cultivirten**). Auch in einer anderen Hinsicht trat in diesem Zeitalter eine vollständige Veränderung deutlich hervor. In der Vedazeit waren Götterbilder unbekannt; zwar wurden Altäre errichtet und das Feuer scheint zuweilen sein eigenes Haus gehabt zu haben, wo es beständig brannte; aber eigentliche Tempelgebäude fehlten. Beide Gegenstände scheinen inzwischen vor Buddha's Zeit in Gebrauch gekommen zu sein, ohne aber in besonderem Ansehen zu stehen. Denn Manu nennt die Verehrer von Götterbildern unter denjenigen, welche unwürdig waren, zu Opferfesten eingeladen zu werden***). Nun aber wurden sie allgemein und es ist möglich, dass die Brahmanen auch hiedurch versucht haben, das Volk an ihren Götterglauben zu ketten und ein neues Gegengewicht gegen die Buddhisten zu bilden, welche mit mehr Grund Bilder von Buddha aufstellten, da er nie für etwas anderes als einen Menschen angesehen wurde,

---

*) So sagt ein Verehrer des Vishnu, der Verfasser der Vasishṭhasmṛiti, dass der Brahmane, welcher sich nicht zu Vâsudeva (Vishnu) wendet, ein Brahmanen-Esel (Brâmaṇa-gardhaba) sei. Ohne die Verehrung Vishnu's geht das ganze Brahmanenthum verloren, durch dieselbe erlangt man Vollendung. Nârâyaṇa (Vishnu) ist der Gott der Brahmanen, die Verehrung des Rudra (Çiva) ist nicht für die Brahmanen, sondern nur für die anderen Kasten. (Nach einer Stelle, welche Müller, Anc. Lit. p. 55 mitgetheilt hat.)
**) Wie Dr. Stevenson im Journ. branch R. A. S. I. S. 3 bemerkt hat. Der beste und berühmteste Dichter Indiens, Kâlidâsa, war ein Verehrer Çiva's.
***) Devala = pratimâ paricâraka, Manu 3, 152. Der Commentator Kullûka sagt dazu, dass diese Ausschliessung nur dem gelte, der ein Götterbild des Lohnes wegen bedient, nicht in Folge seiner religiösen Pflicht. Im Adbhutabrâmaṇa (Sâmaveda) dagegen werden Götterbilder (daivata-pratimâ) erwähnt, welche lachen, weinen, singen, tanzen, blinzeln u. s. w. (Ind. Stud. I, 41).

und zugleich oft prachtvolle Heiligthümer über Reliquien von ihm und seinen nächsten Schülern baueten und öffentlich deren Gedächtniss feierten. Als der Tempeldienst und die Bilderverehrung Ueberhand nahmen, wurden zugleich neue Opfergebräuche und Formen hervorgerufen, wodurch die älteren allmälig ausser Gebrauch kamen.

Die Entwickelung der Vedazeit war vorzüglich heimisch im nordwestlichen Indien, auf beiden Ufern des Indus; die Entwickelung der folgenden Zeiten zog sich immer mehr nach Osten. In der zweiten Hauptperiode oder gegen deren Schluss war das ganze Land zwischen den Bergketten des Himâlaya und Vindhya, vom westlichen bis zum östlichen Meere, Aryâvasta d. h. Land der Arier. Das Hauptland desselben, das Mittelland (madhya-deça), war der Theil, welcher sich von Prayâga im Osten, wo die Gangâ und Yamunâ zusammenfliessen, gegen Westen bis Vinaçana erstreckt, wo der Fluss Sarasvati sich im Sande verliert. Von diesem Mittelland werden wieder zwei Gebiete am höchsten gestellt: das eine umfasste die Landstrecke längs und zwischen der Gangâ und Yamunâ; dies war Brahmarshideça, das Land der priesterlichen Weisen, und deshalb sollten alle Menschen ihre Verrichtungen vorzüglich von einem dort geborenen Brâmana lernen. Das andere Gebiet war der gegen Norden angrenzende Landstrich zwischen den beiden Flüssen Drishadvati und Sarasvatî. Dies war das eigentliche Brahmanen-Land, Brahmâvarta, und was hier von Sitten und Gebräuchen ererbt war, das war daher gute Sitte (Manu 2. 17—22). Dass namentlich die beiden Landstriche Brahmâvarta und Brahmarshi-deça besonders das Heimathland der Entwickelung des zweiten Zeitalters gewesen sind, dürfte hervorgehen sowohl aus der Heiligkeit, welche ihnen vorzugsweise beigelegt wird, wie auch daraus, dass die ältere brahmanische Sagengeschichte vornehmlich an diese geknüpft ist. Bei dem Vorrücken der brahmanischen Kultur gegen Osten blieb das nordwestliche Indien (das Nordland im Gegensatze gegen das Mittelland) zurück, besonders in Hinsicht auf die Entwickelung der Kasten. Es scheint, als wenn dieser Umstand im Anfange nicht bemerkt oder nicht als von weiterer Bedeutung angesehen worden sei, da das Nordland (udîcya) lange als ebenbürtig mit dem Mittellande betrachtet worden zu sein scheint. Dort waren grammatische Schulen, dort lebten Lehrer, welche von Lehrlingen und Lernbegierigen besucht wurden *). Allmälig trat eine Veränderung ein. Yâska (Nir. 2, 2) nennt Kamboja als in sprachlicher Hinsicht etwas abweichend von den Ariern. Bei Manu (10, 44) werden die am weitesten nach aussen wohnenden Kamboja, Darada und Khaça unter den Kriegerstämmen genannt, welche zum Çûdra-Stande herabgesunken waren, weil sie aus Mangel an Brahmanen aufgehört hatten, an den heiligen Gebräuchen Theil zu nehmen. Zuletzt wurde der Unterschied so gross, dass alle Bewohner des Nordlandes angesehen wurden als bâhika, als ausserhalb des brahmanischen Staatslebens stehend, als Unreine, unter denen kein Arier sich aufhalten dürfte **). Auf der entgegengesetzten Seite des Mittellandes lag das Ostland (prâcya), dessen Bewohner daher von den Griechen Πράσιοι genannt wurden. Sie müssen sich erst später vollständig an die brahmanische Entwickelung angeschlossen haben; denn obgleich das Kastenwesen auch hier ebenso heimisch wurde, wie anderwärts, so haftete doch in den Augen der Brâhmaṇas ein grosser Makel an dem Ursprunge, welcher zwei Volksstämmen des Ostlandes in Videha und Magadha zugeschrieben wurde, da dieselben betrachtet wurden als unreine Abkömmlinge der dritten Kaste aus sündlichen und unnatürlichen Verbindungen mit höher stehenden Frauen. Ein Magadha war der Sohn einer Kriegersfrau und ein Vaideha stand noch niedriger, als Sohn einer Brahmanenfrau, obgleich doch diese Stämme in häufiger Berührung mit dem Mittellande gestanden haben müssen, da nicht wenige Halbkasten gradezu

---

*) Die nördlichen grammatischen Schulen werden bei Pâṇini den östlichen gegenüber erwähnt. Ueber die Sprache vergl. Ind. Stud. I, 153, *), nach dem Kaushîtaki-brâhmaṇa. — In Madra lebte ein Lehrer Patancala Kâpya (Bṛih. Ar. III, 3, 1 ; 7, 1.), dessen Schüler Uddâlaka unter den nördlichen in einer Disputation besiegt wurde (vergl. Ind. Stud. I, 176).

**) Bâhîka, Pân. 4, 2, 117. — Nach dem Mahâbhârata (8, 2029 u. f.) sind die unheiligen, unreinen Bâhîkâs ausgeschlossen von dem Himavat, der Gaṅgâ, Yamunâ, Sarasvati und Kurukshetra; sie wohnen zwischen dem Indus und dessen Nebenflüssen. Dort sind keine Kasten, die Frauen sind unkeusch und darum erben die Schwestersöhne; sie essen Kuhfleisch mit Zwiebeln; sie sind nicht Prajâpati's Schöpfung, sondern Abkömmlinge von Vampyren (piçâca). Dort soll kein Arya sich aufhalten. Als solche Volksstämme werden genannt: Jartika, Prasthala, Madra, Gândhâra, Araṭṭa, Khaça, Vasâti, Sindhu-sauvîra. Vergl. Lassen, Ind. Alterth. I, 822.

von ihnen abgeleitet werden*). Diese ungünstige Ansicht von dem Ursprunge dieser beiden Völker hat wahrscheinlich später dadurch noch grössere Kraft gewonnen, dass diese Länder die Heimat des Buddhismus waren. Denn in Videha wurde Buddha geboren und in Magadha kam er zur Erkenntniss der Wahrheit, und in beiden Ländern fand seine Lehre sogleich willige Aufnahme und breitete sich von da schnell über Indien und bis nach Ceilon aus, wo sie eine neue Heimath fand, die das Hauptland für die südliche buddhistische Kirche wurde.

In der ältesten Geschichte Indiens können wir demnach zwischen drei Hauptzeiträumen unterscheiden, deren jeder seine bestimmten Eigenthümlichkeiten hat; wir können ausserdem sehen, wie die Entwickelung deutlich erfolgt ist und welche Verhältnisse dieselbe hervorgerufen haben, aber in der Bestimmung der Zeit dieser drei Zeiträume stossen wir auf die grössten Schwierigkeiten. Das brahmanische Indien hat zwar eine umfangreiche Litteratur hinterlassen, aber darin hat die Geschichte keinen Platz gefunden und es fehlt jede auch nur einigermassen genaue Zeitrechnung. Gleichwohl scheint die Vedazeit Keime einer Entwickelung der Geschichte enthalten zu haben. Die Geschlechter, welche einen so starken Drang verspürten, das Lob der Götter zu singen, konnten nicht unempfindlich sein für das Gedächtniss der Väter und wir begegnen auch in den Götterliedern so vielen Hindeutungen auf Ereignisse und Thaten der Vorzeit, dass wir kaum zweifeln können, dass der Volksgesang und das Heldenlied eben so oft erklungen sind, wie der Lobgesang und das Opferlied, und dass damals noch manche andere Sagen und Erzählungen vorhanden gewesen sind, ausser denen, von welchen einzelne Spuren übrig sind**). Aber die Richtung, welche die

---

*) Manu 10, 11. 47. Abkömmlinge eines Vaideha sind ein Vena, Maitreyaka, Andhra und Meda; einer Vaidehi: Kârâvara, Pândusopaka, Ahindika, und Cuncu. Mu. 10, 19. 36. 37. 48. — Im Mahâbhârata 8, 2084 werden Mâgadha und Kâlinga unter den Völkern genannt, welche, wie die des Mittellandes, das ewige Gesetz kennen. Dagegen wird dort von einem anderen Volke des Ostlandes, den Angas (im nördlichen Bengalen), erwähnt, dass man dort die Kranken verstösst und Frauen und Kinder verkauft (8, 2113).

**) In einem Lobliede über die beiden Götter der Heilkunst, Açvin (Rigv. 1, 112), finden sich ungefähr vierzig solche Hindeutungen, darunter eine auf eine Heldin Viçpalâ, die Frau des Khela, welche in einem Kampfe bei

Entwickelung nahm, war der Kultivirung der Geschichte oder der Beobachtung einer Zeitrechnung nicht günstig. Das Kastenwesen und die Seelenwanderung machten das Volk egoistisch und beschränkten die Theilnahme an den Ereignissen des Lebens auf einen engen Kreis. Es gab kein gemeinschaftliches irdisches Interesse, welches bewirken konnte, dass das brahmanische Volk sich als eine Einheit fühlte; es wurde nur zusammengehalten durch den äusseren Zwang des Kastenwesens. Eine unübersteigliche Kluft trennte die Kasten und auch diese selbst waren nicht, jede für sich, zu einem Ganzen verbunden. Sie waren im Gegentheil, die Brahmanen-Kaste ebenso wie die anderen, über grosse Landstrecken verbreitet und in eine Menge von Familien und Individuen aufgelöst, deren jedes mit seiner besonderen Arbeit und seinen eigenen, persönlichen Interessen beschäftigt war. Die Kriegerkaste führte indessen ein sehr bewegtes Leben. Das Geschäft des Kriegers war der Krieg, der Kampf war seine Pflicht, der Sieg allein gab ihm Ehre und Glück und sein schönstes Ende war der Heldentod im Kampfe. Das Leben, welches hieraus folgte, musste viele Thaten hervorrufen, deren sich die Mitwelt erinnerte und welche die Nachwelt nicht vergass, und es ist deutlich, dass auch kein Mangel war an Liedern und Gesängen, Sagen, Traditionen und Erzählungen*); aber diese siechten hin aus Mangel an gehöriger Pflege, denn es war niemand, der besonders berufen gewesen wäre, die alten Erinnerungen zu erhalten und der Hüter der Geschichte zu sein. Die Brahmanen-Kaste nahm eine entschieden priesterliche Richtung; sie fühlte sich daher besonders in Anspruch genommen durch die Mythen von den Thaten der Götter und durch die Sagen über die Verbindungen und das Zusammentreffen frommer Weiser mit denselben. Hiebei aber war die Zeit bedeutungslos und alle Zeitrechnung überflüssig. Dies wirkte auch auf die brahmanische Betrachtung der rein menschlichen Ereignisse, welche in der Regel als verhältnissmässig zu unbedeutend und alltäglich angesehen werden, um einen bleibenden Eindruck hinterlassen zu können ausserhalb des Kreises

---

Nacht ihr eines Bein verlor, welches ihr die beiden Açvins durch ein anderes aus Metall (ayas) ersetzten.

*) Sie hiessen nârâçausî, gâthâ, itihâsa, purâna, âkhyâna, upâkhyâna, anuvança (Geschlechtregister) u. s. w.

der Brahmanen, deren Schicksal sie berührten auf Grund ihrer Verbindung mit den Kriegerfamilien. In die brahmanische Litteratur scheinen daher nur solche Personen aufgenommen worden zu sein, welche in einer oder der anderen Hinsicht eine hervorragende Rolle gespielt haben und deren Geschick ein Beispiel für die Herrschaft der Götter und die Verlegenheit der Brahmanenkaste abgeben und zu deren Verherrlichung dienen konnte *); aber auch hiezu bedurfte es keiner Zeitrechnung. Was die Kriegerkaste betraf, so hatten zwar die Häuptlinge und Könige ihre Dichter, deren Gewerbe es war, ihre und ihrer Väter Thaten zu besingen. Aber dadurch traten grade die Thaten der Gegenwart gewöhnlich am meisten in den Vordergrund, unbedeutendere Begebenheiten und thatenlose Zeiten wurden vergessen und das von dem Dichter besungene Geschlecht erhob sich überhaupt auf Kosten der Mitwelt wie auch der Vorzeit. Dazu kam, dass die Verhältnisse keine Dauer haben konnten. Indien war aufgelöst in eine Menge kleiner Reiche und das Leben, welches dem Fürsten angewiesen war, der gelehrt wurde, jeden Nachbar als einen Feind zu betrachten, rief eine beständige Umwälzung und Veränderung hervor, unter welcher Reiche sich auflösten und andere sich bildeten, neue Geschlechter sich erhoben, während die alten zu Grunde gingen, und mit ihnen schwand zugleich die besondere Erinnerung an ihre Thaten, soweit sie nicht von solcher Beschaffenheit waren, dass sie das gemeinschaftliche Eigenthum der Kriegerkaste werden konnten. Aber in den Händen der Dichter nahmen sie schnell die Form der Sage an, und noch schneller, wenn der Stoff von den umherwandernden Sängern aufgenommen wurde **). Dadurch verschwand die historische Wirklichkeit und

---

*) In der brahmanischen Litteratur wird z. B. Janamejaya, der Sohn des Parikshit, erwähnt, welcher, wie es scheint, Neigung zeigte, gegen die Forderungen der Brahmanen aufzutreten, und es sind Hindeutungen vorhanden auf den vollständigen Untergang seines Namens. Dagegen scheint der Kampf, welchen seine Vorväter, die fünf Söhne Pându's, mit einem verwandten Geschlechte, den Söhnen des Dhritarâshtra, führten, in welchem sie gegenseitig aufgerieben wurden und welcher den Kern des grossen Gedichtes Mahâbhârata bildet, darin nicht aufgenommen zu sein. Ein solcher verwüstender Krieg gehörte auch zu den gewöhnlichen Begebenheiten in der Kriegerkaste.

**) Wie: vînâgasaginah (die zu einem Seiteninstrumente singen), welche sich auch bei Opferfesten einfanden.

was die Kriegerkaste dafür besass, war nur eine reiche Sagengeschichte, von der wir zugleich annehmen müssen, dass sie zunächst die Lebensanschauungen der Kaste enthielt, gegenüber denen der Brahmanen-Kaste *). Diese fand endlich ihre brahmanischen Bearbeiter, welche sich bemüht haben, die einzelnen Reihen von Sagen und Gesängen zu einem Ganzen zu verbinden und zu ordnen, in Uebereinstimmung mit ihrer Lehre, jedoch ohne die vorhandenen Abweichungen von derselben gänzlich auszugleichen **). Dadurch wurde ein Abschluss der Sagengeschichte herbeigeführt, welcher ungefähr gleichzeitig mit dem Auftreten des Buddhismus, vielleicht als eine Folge desselben, eingetreten zu sein scheint ***). Die abgeschlossene Sagengeschichte wurde ein fünfter Veda, welcher, obgleich zunächst für die Kriegerkaste †) und die niedriger stehenden bestimmt, doch auch von den Brahmanen in ihre eigene Litteratur aufgenommen wurde. Aber es fehlt ihm, wie natürlich ist, alle historische Zuverlässigkeit und genaue Zeitrechnung. Auch auf diesen folgte bei den Brahmanen keine wirkliche Geschichte. Sie übersahen die menschlichen Begebenheiten in den folgenden Zeiten noch mehr und es erhielt sich nur die Erinnerung an einzelne Namen und Ereignisse, welche Platz fanden in den späteren, vom Standpunkte einzelner Sekten angefertigten Bearbeitungen der älteren Sagengeschichte und Mythologie, die unter dem Namen Purâna vorhanden sind. Die Buddhisten waren glücklicher gestellt. Ihnen war es klar, dass eine neue Zeit begonnen hatte, im Gegensatz gegen die alte. Es bildete sich eine eigene Kirche mit ihren Gemeinden und Buddha's Leben und Tod hätte einen festen Ausgangspunkt für eine sichere Zeitrechnung abgeben können. Aber obgleich es wahrscheinlich ist, das Buddha's Schüler und erste Anhänger nach seinem Tode fortführen, sich in jeder Regenzeit zu versammeln,

---

*) Vergl. Lassen in der Zeitschrift f. d. Kunde des Morgenlandes, 1, 86.
**) z. B. dass die fünf Brüder, Söhne des Pându, eine Frau (Draupadî) in Gemeinschaft heiratheten.
***) Der König von Videha, Janaka, und sein Priester Yâjnavalkya wurden nämlich in dieselbe aufgenommen, und diese scheinen nicht lange vor Buddha's Zeit gelebt zu haben.
†) Dies ist vermutlich der Kshatra-veda, von welchem es im Râmâyana, 1, 65, 22, heisst, dass Brahman's Sohn Vasishtha der erfahrenste in ihm, wie auch in dem Veda der Brâhmanas (brahma-veda) gewesen sei.

und obgleich es wirklich auch scheint, als wenn sie angefangen hätten, denn Lauf des Jahres von seinem Heimgange an zu rechnen, so müssen sie doch bald den Sinn hiefür verloren haben. Denn über die ältere Zeit sind von Seiten der nördlichen Buddhisten nur einzelne Zeitangaben in runden Zahlen vorhanden, und die noch jetzt gebräuchliche Zeitrechnung, welche auf Ceilon entstand und mit Buddha's Tod beginnt, der auf 543 v. Chr. G. angesetzt wird, gründet sich auf Berechnungen, welche in einer späteren Zeit angestellt worden sind und kann daher keinen festen Stützpunkt für die Bestimmung des Anfanges der dritten Hauptperiode abgeben *).

Die Arischen Volksstämme lebten in Indien für sich, ohne in die Geschichte ihrer westlichen Nachbaren einzugreifen oder in näherer Verbindung mit ihnen zu stehen. Zwar wurde ein Stück des Arischen Indiens, das Land Gandhâra auf dem westlichen Ufer des Indus, dem Reiche der Achämeniden einverleibt, ehe Darius Hystaspis die Regierung angetreten, und nachdem er von da aus den Indus befahren lassen, eroberte er das entdeckte Land, die Satrapie Hindu, Indien; aber dies hat keine Spur in der Indischen Litteratur zurückgelassen. Alexander der Grosse drang vor über den Indus, ohne jedoch die Grenzen des Mittellandes zu erreichen; aber obgleich sich sein Gedächtniss in den Bergthälern des westlichen Tibets erhalten konnte, findet sich in Indien auch nicht die kleinste Sage über ihn oder über seine tapfern Indischen Gegner. Sein Zeitalter aber giebt uns den ersten Berührungspunkt, nämlich in der Uebereinstimmung der Griechischen Berichte über Sandrocottus, den König der Prasier in Palibothra, mit den Indischen über Candragupta, den König von Magadha in Pâtaliputra. Dieser war von niedriger Herkunft, bahnte sich durch Gewalt den Weg zum Throne von Magadha und gründete ein Reich, vielleicht grösser als jemals früher vereinigt gewesen war, welches sich vom Indus bis zum östlichen Meere erstreckte. Als Alexander am Hyphasis stand, 326 vor Chr. G., herrschte ein anderer mächtiger Fürst im östlichen Lande und Candragupta soll ein persönliches Zusammentreffen mit Alexander gehabt haben. Als der König Porus 317 ermordet

---

*) Wegen des Näheren darf ich hinweisen auf Oversigten over Videnskab. Selsk. Forhandl. 1860. (S. die unten folgende Abh. über Buddha's Todesjahr.)

wurde, reizte Candragupta das Nordland, das Macedonische Joch abzuwerfen und machte sich selbst zum Herrn über die befreiten Länder. Danach kämpfte Seleucus Nicator mit ihm auf seinem Zuge gegen Osten, nach Babylon's Eroberung 312, und der Kampf hat stattgefunden, ehe er 302 nach Kappadocien zurückgegangen war. Seleucus heiratete seine Tochter und schickte an sein Hoflager bei Pâṭaliputra als Gesandten den Megasthenes, der ein Werk über Indien verfasste, von welchem Bruchstücke übrig sind. Antiochus der Erste unterhielt die Verbindung mit Candragupta's Sohn und Nachfolger. Dessen Sohn, Açoka oder Priyadarçin (Piyadasin), welcher das vom Grossvater gegründete Reich durch neue Eroberungen erweiterte, wird zwar nicht in den westlichen Berichten erwähnt, aber er nennt dagegen in seinen Inschriften, den ältesten historischen Aktenstücken, welche wir haben, seine Griechischen Zeitgenossen. Er nennt seinen Nachbarkönig Antiochus (I. 280—262; II. 262—247) und vier andere Könige in deren Nähe, nämlich Ptolomaeus (Philapelphus 285—246), Antigonus (Gonnatus in Macedonien 278—239), Magas (in Cyrene 308—258) und Alexander (in Epirus 272, starb um 258). Der Anfang von Açoka's Regierung ist demnach vor das Jahr 258 v. Chr. G. gefallen. Er wandte sich im dritten Jahre nach seiner Salbung wohlwollend den Buddhisten zu; im sechsten Jahre nach seiner Salbung traten seine beiden Kinder, Mahendra und dessen Schwester Sanghamitrâ, in den geistlichen Stand und wurden später die Apostel des Buddhismus auf Ceilon, von wo diese Zeitangaben herrühren, zugleich mit der, dass seine feierliche Salbung, von welcher auch er selbst in seinen Inschriften seine Jahre zählt, vier Jahre nach seinem Regierungsantritte beim Tode seines Vaters statt gefunden habe*). Er selbst nennt sein zehntes Salbungsjahr als dasjenige, in welchem er zur Erkenntniss der Buddhistischen Wahrheit kam**), und da er schon Buddhist war, als er sich zu seinem Nachbarfürsten hinwandte, so darf sein Regierungsantritt oder seines Vaters Tod etwa um 272 v. Chr. G. an-

---

*) Mahâvansa V, 22. 36. 64. 211.

**) Die Worte lauten in der Inschrift von Girnar (8, 2): so devânam piyo piyadasi râjâ dasa-vasâbhisito samto ayâya sambodhim. Vergl. Burnouf, Le Lotus de la bonne Loi, p. 759. Diese Zeitangabe findet sich nicht in den Singhalesischen Quellen.

gesetzt werden. Açoka gehört somit dem dritten Hauptzeitalter an, und ausserdem einer Zeit, in welcher der Buddhismus, wie schon Megasthenes unter seinem Grossvater bemerkt hatte, eine so grosse Ausbreitung gewonnen hatte, dass er gleichberechtigt mit der Lehre der Brahmanen auftreten konnte. Obgleich die einzelnen Jahreszahlen sich nicht mit vollständiger Sicherheit genau bestimmen lassen, so bildet doch dieser Zeitabschnitt, welcher Candragupta (von ungefähr 320 v. Chr. G.) und Açoka umfasst, den einzigen festen Ausgangspunkt für die Zeitrechnung in der älteren Indischen Geschichte.

In Hinsicht auf die Zeit vor Açoka und Candragupta sind wir allein hingewiesen auf die Aufklärungen und Winke, welche die Indische Litteratur darbietet. Aber hiebei entsteht die Frage, ob wir denn auch diese Litteratur in einer so ursprünglichen und ächten Gestalt vor uns haben, dass sie als ein vollgültiges Zeugniss über gleichzeitige Verhältnisse betrachtet werden kann. Diese Frage beruhet wieder wesentlich auf einer anderen, nach der Weise in welcher die Litteratur bis auf uns gekommen ist. Nun kennen wir sie durch handschriftliche Bücher; aber keine Handschrift hat ein besonders hohes Alter, kaum eine ist älter als drei oder vierhundert Jahre. Obwohl alle Handschriften in höherem oder geringerem Grade deutliche Spuren tragen, dass sie Abschriften von Abschriften in einer vielleicht langen Reihenfolge sind, so kann ihr Dasein allein nicht die Frage beantworten nach der Weise, in welcher die einzelnen Werke ursprünglich abgefasst und fortgepflanzt worden seien; ob dies geschehen sei durch schriftliche Aufzeichnung von den Verfassern selbst, oder so, dass diese Werke ihren Ursprung aus mündlichem Vortrage hatten und dass die schriftliche Aufzeichnung erst statt fand, nachdem sie lange durch mündliche Ueberlieferung von Geschlecht zu Geschlecht gegangen waren. Alle älteren noch vorhandenen Werke, welche zur eigentlich brahmanischen oder priesterlichen Litteratur gehören, weisen bestimmt nur auf den mündlichen Vortrag, die mündliche Unterweisung und Ueberlieferung hin. Der Schüler empfängt seinen Unterricht aus dem Munde des Lehrers, er hört (çru) das Vorgetragene und wird deshalb auch çrotar „der Hörende" genannt *). Der Lehrer sagt her (pra-vac

---

*) Rigveda-Prâtiçâkhya 15, 2. (Journal Asiatique 1855, V. 12, 38).

oder pra-brû) vor dem Schüler, was dieser lernen soll und
lässt es ihn hören (çrâvay). Ein anderer allgemeiner Ausdruck
deutet zugleich auf das Behalten des Gelernten, nämlich
die mit der Präposition adhi (über) zusammengesetzte Wurzel
i (gehen), adhi-i, über etwas hingehen, durchgehen. Dies wird
im Activ oder Caussativ gebraucht von dem Lehrer, welcher vor
dem Schüler etwas durchgeht oder es ihn lernen lässt, und im
Medium von demjenigen, welcher lernt oder das Gelernte für sich
selbst durchgeht*), was er sich nach seiner Pflicht genau einprägen
und treu im Gedächtnisse (smṛiti) bewahren muss. Diese Ueberlieferungsweise hat auch die Benennungen für die beiden Theile
der priesterlichen Litteratur abgegeben. Çruti (das Gehörte) ist
der Name für die Vedas, sowohl für die heiligen von den Göttern
offenbarten Lieder, wie für die Erklärungen und Anwendungen
derselben zu religiösem Gebrauche, nebst den Untersuchungen
oder Grübeleien über die Bedeutung der Opferhandlungen, welche
mit dem gemeinsamen Namen Brâhmaṇa genannt werden, und
das abgeleitete çranta bezeichnet die Werke, welche die Ausführung der in den Vedas (çruti) vorgeschriebenen Opferhandlungen betreffen. Die übrigen Sitten und Gebräuche, welche für
das Leben gültig waren und welche jeder fromme Mensch beobachten und befolgen musste, gründeten sich nur in einem sehr
kleinen Theile auf göttliche Offenbarung; sie waren ererbt von
den Vätern, in der Erinnerung (smṛiti) der älteren aufbewahrt
und wurden von diesen dem heranwachsenden Geschlechte zur
künftigen Aufbewahrung überliefert. Was daher auf der smṛiti
beruhete, das wurde mit dem davon abgeleiteten Worte smârta
benannt, welches auch von den Werken gebraucht wurde, die
eine Darstellung dieser Sitten und Gebräuche gaben. In dieser
ganzen priesterlichen Litteratur hat man keinen einzigen Ausdruck
gefunden, der bestimmt auf Schrift hinweist, kein Bild, welches
auf den Gebrauch oder die Kenntniss derselben deutet. Es ist

---

*) z. B. Wenn der Schüler den Lehrer ersucht, seine Unterweisung zu
beginnen, gebraucht er den Ausdruck adhîhi bhoh (Rigv. Prât. 15, 2), während dagegen der Lehrer den Schüler anredet: adhishva bhoh (Manu 2, 73).
Der Schüler heisst auch adhyetar und der Lehrer adhyâpayitar (Rigv.
Pr. 15, 4), adhyâpaka. Desgleichen adhyayana, adhyâya das Studium, u. s. w.

indess ein Ausdruck, welcher mir nach dieser Richtung hinzuweisen scheint. Den alten Liedern wurde ein göttlicher Ursprung zugeschrieben, und zwar wurde bei jedem Liede ein heiliger Weiser (*R*ishi) genant, aber er war nicht der Dichter des Liedes, sondern er wurde genannt, weil er zuerst den Menschen verkündet hatte, was er von den Göttern empfangen. Die Mittheilung zwischen den Göttern und ihm geschah durch das Gesicht; von dem Weisen heisst es, er habe das Lied gesehen, er ist dessen Seher (mantra-drashtar). So natürlich dieser Ausdruck nun auch ist für uns, die wir so zu sagen mit der Schrift geboren werden, so auffallend ist er doch, wenn er von einer Zeit gebraucht wird, welche von der Schrift gar nichts wusste und unbekannt war mit der Kunst, das Hörbare in einer sichtbaren Gestalt auftreten zu lassen und demnach dasjenige durch das Gesicht mitzutheilen, was sonst nur durch das Ohr aufgefasst werden kann. Der Ausdruck ist indessen alt in Indien; er wird gebraucht von einem Erklärer der Vedas, Aupamanyava, welcher älter ist als Yâska und welcher das Wort *R*ishi kühn von der Wurzel darç (sehen) ableitet, „weil dieser die Loblieder gesehen hat" (stomân dadarça) *). Aber selbst wenn dieser Ausdruck wirklich auf die Kenntniss der Schrift hindeuten sollte, so zeigt er doch, dass der Gebrauch der Schrift nicht allgemein gewesen sein kann, sondern dass er noch soviel Geheimnissvolles und Mystisches in sich hatte, dass die Indischen Priester ihn als das passendste Mittel für die Götter ansehen konnten, ihren Willen den Menschen zu offenbaren. Sonst ist bei der Ueberlieferung der priesterlichen Litteratur nur die Rede von hören, sich einprägen und das Gehörte im Gedächtniss bewahren. Darum musste auch dafür gesorgt werden, dass der Unterricht und das Studium der Vedas zu solcher Zeit und an solchem Orte stattfand, dass man sicher sein konnte, dass Leute der vierten Kaste (çûdra) und andere unheilige Personen ausser Stande waren, sich etwas von der verbotenen

---

*) Yâska Nirukta 2, 11. An derselben Stelle wird auch eine andere Ableitung erwähnt, die in etymologischer Hinsicht erklärlicher ist, von der Wurzel arsh, „fliessen". Es heisst da, dass sie Rishis wurden, weil, während sie Busse übten, das ewige Wort auf sie herabströmte (brahma svayambhu abhyânarshat). Dies ist ein Citat aus dem Taittirîya Aranyaka 2, 5, nach Böhtlingk's Sansk. Wörterb. unter d. Wurzel arsh.

Kenntniss anzueignen*). So fremd war wenigstens der Gebrauch der Schrift, dass der Lehrer sich derselben beim Unterricht nicht bediente, und wenn er die Betonung eines Wortes deutlich machen wollte, dies durch eigene Bewegungen der Hände geschehen musste **).

Ausserhalb der eigentlichen priesterlichen Litteratur finden wir die Bekanntschaft mit der Schrift bei dem Indischen Grammatiker Pâṇini, welcher in seiner Sammlung grammatiker Regeln (3, 2, 21) erwähnt, wie von den Wörtern lipi und livi (Schrift) gebildet wird lipikara und livikara, ein Schreiber, und an einer andern Stelle (4, 1, 49) die Bildung des Femininum yavanânî anführt, welches zufolge eines Vârtika zu dieser Regel bedeutet: yavanânâm lipi, Schrift der Yavanas oder Jonier, Griechen. Das Wort lipi, ebenso wie livi, welches nur eine neuere oder locale Form von jenem ist, leiten die Indier ab von der Wurzel lip***); aber diese Wurzel hat nur die Bedeutung: schmieren, beschmieren, besudeln, und wird nicht vom Schreiben gebraucht, welches durch eine andere Wurzel likh ausgedrückt wird, deren Grundbedeutung ritzen, reissen ist, und welche zugleich mit lipi und lipikara in den ältesten Inschriften gebraucht wird. Das Wort ist eher ein fremdes und jedenfalls dasselbe, welches in der Form dipi in den Altpersischen Inschriften vorkommt in der Bedeutung: Inschrift †), welches auch

---

*) Manu 4, 99. 102.
**) Nach dem Vâjasaneyi Prâtiçâkhya 1, 121—125 (in Weber's Indischen Studien, Bd. 4) werden die drei Arten der Betonung ausgedrückt: der udâtta indem man Hand in die Luft erhebt, der anudâtta indem man sie senkt und der svarita indem man sie zur Seite in gleicher Richtung bewegt. Diese Handbewegungen haben gar keine Aehnlichkeit mit den Formen der Accentzeichen in der Schrift.
***) Unâdi-Affixe, herausgegeben v. Böhtlingk, 4, 121.
†) Schreiben heisst im Persischen ni-pish, wovon das Neupersische nabishtan oder nivishtan, z. B. imâm dipim tyâm niyapisham (diese Inschrift, welche ich eingehauen habe) in Darius' Inschrift von Behistân 4, 70; dipim naiy nipishtâm akunaush (er hat keine Inschrift einhauen lassen) Xerxes' Inschrift von Wan. Rawlinson hat schon die beiden Wörter dipi und lipi zusammengestellt (Journ. Roy. As. Soc. 10, 108); dagegen wollen Benfey (Die pers. Keilinschr. S. 84) und Oppert (Journal Asiatique 4, 18. 327) das Persische dipi von der Sanskritwurzel dîp, brennen, leuchten und dem Causativ dîpay, anzünden, erhellen, ableiten.

3

die, vielleicht ursprüngliche, Bedeutung der Sanskritform lipi ist *). Ungeachtet dieser Wörter ist indessen bei Pâṇini keine Spur davon, dass die Schrift angewendet worden wäre zur Aufzeichnung heiliger oder profaner Werke, oder dass man zu seiner Zeit schriftlich abgefasste Werke oder Bücher gehabt hätte. Er gebraucht zwar an einigen Stellen **), wie sein Vorgänger Yâska ***), das Wort grantha, welches allerdings später die Bedeutung eines Buches bekam, das in einem Büchersaale grantha-kûṭi, aufbewahrt werden konnte; aber ursprünglich bezeichnete es nur den Inhalt, den in gewisser Weise zusammengestellten und in einer bestimmten Form geordneten Stoff, welcher so im Gedächtnisse aufbewahrt werden sollte, mochte nun eine solche Arbeit göttlichen oder menschlichen Ursprunges sein (Pâṇ. 1, 3, 75. vergl. 4, 3, 116). Dasselbe gilt von dem Worte bhâshya, welches Kâtyâyana gebraucht von Werken, die in der allgemeinen Umgangssprache abgefasst sind, im Gegensatz gegen die Vedas †).

Ueber den Gebrauch der Schrift haben wir bestimmtere Zeugnisse aus Alexanders des Grossen Zeit. Nearch, welcher ihm bis zum Hyphasis und zu den Mündungen des Indus folgte, berichtet (325 v. Chr. G.), dass die Indier Briefe schrieben auf dicht zusammengeschlagenem Baumwollenzeuge (σινδών), und Megasthenes, Seleucus Nicator's Gesandter an den König Candragupta in Pâṭaliputra, fand um das Jahr 300 v. Chr. G. auf den Strassen, alle zehn Stadien, Säulen mit Angabe der Ruheplätze und Entfernungen. Beide heben ferner hervor, und Nearch bestimmt περὶ τῶν σοφιστῶν (von den Brahmanen), dass sie keine geschriebene Gesetze hatten. Aus ihren Zeugnissen geht hervor, dass die Schrift

---

*) So in der Inschrift von Girnar: iyam dhammalipî priyadasinâ lekhâpitâ 1, 1; 6, 13 (diese Pflicht-Inschrift hat Priyadarçin schreiben lassen); etâya athâya ayam dhammalipî likhitâ 5, 9 (zu diesem Zwecke ist diese Pflicht-Inschrift geschrieben); lipikara findet sich 14, 6.

**) An vier Stellen 1, 3, 75; 4, 3, 87. 116; 6, 3, 79 (M. Müller's Anc. Lit. p. 521).

***) Imam grantham (d. h. ein Nirukta) rishayah samâmnâsishur vedam ca. Nirukta 1, 20.

†) Dessen Prâtiçâkhya-sûtra 1, 17—19. Bei jedem Anfange gebraucht man in den Vedas das heilige Wort om, aber atha in den Werken, welche in der bhâshâ (Umgangssprache) abgefasst sind.

in jener Zeit in Gebrauch gewesen ist, wenn auch nicht für litterarische Arbeiten, und dass die Bekanntschaft mit derselben wenigstens einigermassen allgemein verbreitet gewesen ist, da man sie auf Säulen an den Landstrassen angewandt hat. Die ältesten Indischen Inschriften, welche wir kennen, rühren her von Candragupta's Enkel, Açoka oder Priyadarçin, um das Jahr 250 v. Chr. G., und sie sind alle aus der Zeit, nachdem er der Lehre der Buddhisten gehuldigt und sich zu deren Glauben bekannt hatte. Da Açoka sich in diesen Inschriften, welche er theils an Felsen oder sehr grossen Steinen, theils an aufgerichteten Säulen anbrachte, nicht an die Brahmanen wendet, sondern an die Laien, und desshalb nicht das gelehrte Sanskrit gebraucht, sondern die allgemeine Umgangssprache, im Osten einen, im Westen einen zweiten und im Norden einen dritten Dialekt, und da die Inschriften offenbar bestimmt sind, von seinen Zeitgenossen gelesen zu werden, so muss die Bekanntschaft mit der Schrift in jener Zeit ziemlich allgemein gewesen sein, und es kann leicht sein, dass sie besonders ausserhalb der Brahmanenkaste gefunden wurde. Diese Inschriften zeigen uns zwei in der inneren Einrichtung übereinstimmende, aber in der äusseren Gestalt sehr verschiedene Schriftarten. Die eine hat man gewöhnlich die Arianische genannt, weil sie zuerst durch Münzen bekannt wurde, die in einigen der Provinzen gefunden waren, welche bei Strabo den gemeinschaftlichen Namen Ariana führen. Diese Schriftart ist von bestimmt Phönicischem Ursprunge und geht von der Rechten zur Linken; aber ihr inneres System in Rücksicht auf die Bezeichnung der Vokale nach einem Consonanten und des Zusammentreffens der Consonanten ist gänzlich Indisch, und sie ist mit Zeichen für alle Laute der Indischen Mundart vollständig versehen. Dass Açoka diese Schriftart in der Inschrift bei Kapur di Giri anwandte, in der Nähe des jetzigen Peshawer auf dem westlichen Ufer des Indus, beweist, dass sie hier in dem alten Gandhāra heimisch war, und zugleich auch wohl in den anstossenden Provinzen, und dies dürfte wohl am ersten diejenige Schriftart sein, welche Nearch gekannt hat. Als die Griechisch-Baktrischen Könige ihre Herrschaft bis südlich vom Hindukush ausgedehnt hatten, wandten sie dieselbe auf ihren Münzen neben der Griechischen Schrift an, um dieselbe Indische Mundart auszudrücken, deren sich Açoka bedient hatte. Der erste, welcher sie so anwandte, war Eukratides, um 180 v. Chr. G.*), und ihm folgten hierin sowohl seine Nachfolger, wie die Griechisch-Indischen und Indo-Skythischen Könige bis gegen den Anfang unserer Zeitrechnung. Die darauf folgenden Turushka-Fürsten gaben ihren Gebrauch auf und bedienten sich allein der Griechischen Schrift, während jene sich später wieder angewandt findet neben der Griechischen Schrift auf Münzen von dem Parthischen Könige Pakores**), gleichfalls zur Schreibung einer Indischen Sprache. Pakores regierte ungefähr 61—107 n. Chr. G. und dies ist die späteste Zeitgrenze, welche man bis jetzt für das Vorkommen dieser Schriftart gefunden hat. Ausser auf Münzen hat man sie auch angewandt gefunden in mehreren kleineren Inschriften auf und in Buddhistischen Denkmälern im nordwestlichen Indien, besonders westlich vom Indus. Ihre südlichste und östlichste Fundstätte ist, so weit ich weiss, die Gegend um Jâlandhara zwischen den beiden südlichsten der fünf Nebenflüsse des Indus von Osten, nämlich Vipâçâ und Çatadru. Dort findet sich bei dem Dorfe Khunniara in einen grossen Granitstein gehauen eine kleine Inschrift in Arianischen Schriftzeichen und in der gewöhnlichen Volkssprache, wobei in einer Entfernung von etwa 90 Fuss in einen ähnlichen Stein dasselbe eingehauen ist, in einem verdorbenen Sanskrit, mit der anderen Indischen Schriftart, wo die Gestalt der Zeichen auf die Zeit um Christi Geburt hinweist***). Ungefähr derselben Zeit und Gegend scheinen auch die Münzen zugeschrieben werden zu müssen, welche den Namen Amoghabhûti tragen und gleichfalls sowohl Arianische wie Indische Schrift zeigen †), was zur Unterstützung der ausgesprochenen Vermuthung dient, dass die Gegend von Jâlandhara das Grenzland für diese beiden Schriftarten war. Gleich von dem ersten Vorkommen der Arianischen Schriftart in Açoka's Inschriften (um 250 vor

---

*) Lassen, Ind. Alterth. 2, 306.

**) Ebendas. 2, 809, nach dem Journ. As. Soc. Beng. VIII. Seine Regierungszeit nach A. de Longpérier's ebendas. angeführten Mémoires de Numism. Grecque, 1841, p. 23.

***) Diese beiden Inschriften sind von E. G. Bayley gefunden und mitgetheilt im Journal As. Soc. Beng. 1854 und danach von A. Weber in der Zeitschr. d. d. Morgenl. Gesellsch. 9, 631. Sie sind gelesen: a) Krĭshnayaçasa arama, und b) Kreshnayaçasya ârâmam edam d. h. Krĭshnayaça's Hain.

†) Lassen Ind. Alterth. 2, 825 und Zeitschr. f. d. K. d. Morgenl. 5, 450.

Chr. G.) trägt sie deutliche Merkmale, dass sie in häufigem Gebrauch gewesen und dadurch ausgeartet ist zu einer im Ganzen genommen äusserst schlechten Cursiv-Schrift, welche so erhebliche Verluste in ihren charakteristischen Zeichen erlitten hat, dass es oft sehr schwierig ist, die Zeichen von einander zu unterscheiden. Dies erschwert natürlich jetzt in hohem Grade die Lesung dieser Schriftart, wogegen es wohl von geringerer Bedeutung war, je allgemeiner sie gebraucht wurde und je genauer sie dem Volke bekannt war, das die Sprache redete, welche sie ausdrücken sollte; aber dies hat doch wohl auch das Seinige dazu beigetragen, dass sie allmälig ganz ausser Gebrauch kam.

Der anderen Schriftart hat sich Açoka bedient sowohl in den beiden Felseninschriften, bei Dhauli am Bengalischen Meerbusen und bei Girinagara oder Girnar auf der Halbinsel Guzerat, wie auch auf allen Säuleninschriften in Mittel-Indien, und diese ihre Erscheinung an so weit von einander entfernten Stellen zeigt, dass sie schon damals so gut wie im ganzen Arischen Indien heimisch gewesen ist. Sie geht in entgegengesetzter Richtung als die Arianische Schrift, von der Linken zur Rechten. Ihr Ursprung ist unbekannt oder sehr zweifelhaft; doch hat A. Weber zu beweisen versucht, dass sie aus der alten Phönicischen Schrift entstanden, welche, wie er vermuthet, auf Handelswegen nach Indien gebracht worden sei [*], und einige der Uebereinstimmungen, auf welche er hingewiesen, sind in der That so auffallend, dass es nicht scheint, als hätten sie bloss zufällig entstehen können, während es weit leichter ist, die Verschiedenheit aus dem sehr langen Zeitraum zu erklären, der verflossen sein muss, seit sie nach Indien gebracht wurde, was grade auf Grund der vorhandenen Uebereinstimmungen mehrere Jahrhunderte vor Açoka's Zeit geschehen sein muss. Sollte diese Schrift wirklich aus Phönicien stammen, so kann sie kaum von Anfang an im Besitz und unter der Obhut der Brahmanen-Kaste gewesen sein. Eher müsste man annehmen, was auch an sich durchaus nicht unwahrscheinlich ist, dass sie ursprünglich als Kastengeheimniss von der Handelskaste bewahrt worden sei, welche ihr vielleicht auch, da sie an dem Brahmanischen Wissen Theil nehmen durfte, ihre Indische Entwickelung gegeben hat. So wie sie in Açoka's Inschriften

---

[*] Zeitschr. d. d. Morgenl. Gesellschaft 10, 396.

auftritt, hat sie schon die ganze, mit dem Indischen Lautsystem übereinstimmende Einrichtung empfangen, welche sie bis auf wenige unbedeutende Ausnahmen *) bewahrt hat durch alle folgenden Zeiten und durch alle die bedeutenden Veränderungen in den Zeichen, welche ein immer allgemeinerer und häufigerer Gebrauch natürlich veranlasste, wodurch allmälig die zahlreichen Abarten von ganz verschiedenem Aussehen hervorgerufen wurden, welche jetzt in Indien gebräuchlich sind. Denn diese Schrift des Açoka ist die Stamm-Mutter aller und hat daher mit Recht den Namen der Indischen bekommen. Zu Açoka's Zeit hat die Schrift noch nicht diejenige Abrundung der Zeichen empfangen, welche sie zum schnellen Schreiben bequem macht und welche mit Bestimmtheit auf einen allgemeinen Gebrauch hinweist. Andererseits aber war es gewiss diese Schriftart, welche Megasthenes etwa 50 Jahre früher auf seiner Durchreise nach Pâtaliputra auf den Säulen an den Landstrassen fand, und wir haben schon so viele Denkmäler für Açoka's Benutzung derselben, darunter ein Schreiben an die buddhistische Gemeinde oder Synode in Magadha **), dass kein Grund ist, anzunehmen, sie sei etwas Unge-

---

*) In Açoka's Inschriften wird die Verdoppelung der Consonanten nicht bezeichnet. Es finden sich in ihnen zwei Consonantengruppen, welche so zusammengesetzt sind, dass sie, nach dem auch übrigens durchgeführten Schriftsystem, wonach die Bestandtheile der Gruppen von der Linken zur Rechten und von oben nach unten gelesen werden, gelesen werden müssten pt und yv, während es viel eher scheint, dass sie tp und vy zu lesen sind (vgl. Burnouf, Le Lotus de la bonne Loi, p. 660). Ausserdem wird hier das r sowohl vor als nach einem Consonanten auf dieselbe Weise bezeichnet, durch einen kleinen Haken oberhalb des Zeichens für den Consonanten, mit welchem es verbunden ist (z. B. in der Inschrift von Girnar: ryata 6, 8. paratra 6, 12. tatra 14, 5. pradesike 3, 2. prukarane 12, 4. priânâ 1, 5. bahusrutâ 12, 7). Später wurde dagegen das Zeichen für r nur, wenn es nach einem Vokale und vor einem Consonanten steht, oben an dem Zeichen des letzteren angebracht, während es nach einem Consonanten unten an das Zeichen desselben angefügt wurde.

**) Diese Inschrift ist auch merkwürdig wegen ihres Fundortes. Sie ist sehr sorgfältig in einen Granitstein gehauen, welcher zwei Fuss in den zwei Dimensionen und anderthalb Fuss in der dritten hat. Sie enthält ein Schreiben, welches der König an die Gemeinde in Magadha (Magadhe saughaṁ) gerichtet hat. Aber sie wurde gefunden bei dem Dorfe Bhabra, in der Nähe von Jayapura (zuerst mitgetheilt im Journ. As. Soc. Beng. IX. und danach erklärt von Burnouf, Lotus etc. p. 724). Es entsteht nun die Frage, wie sie

wöhnliches gewesen. Dies dürften auch die Inschriften selbst
bezeugen. Es sind sicher Fehler in ihnen gemacht und Açoka
selbst entschuldigt die Fehler seiner Schreiber *) oder Einmeis-
seler (lipikara). Es hat ein Schwanken in der Sprache stattgefunden, wie es natürlich ist auf jeder Uebergangsstufe; aber es
ist keine Rathlosigkeit, kein Ungeschick in der Anwendung der
Zeichen. Die Rechtschreibung ist fest und bestimmt und giebt
Zeugniss für die Fähigkeit die Laute der Sprache aufzufassen
und für die Geschicklichkeit sie mit ihren eigenthümlichen Zeichen auszudrücken **). Nach Açoka ist der Gebrauch der Schrift
immer häufiger geworden; dafür zeugt die zunehmende Anzahl
von Inschriften, welche gefunden sind, abgefasst theils in der
Volkssprache, wie Açoka es stets that, theils später auch in Sanskrit, und dahin zielen auch verschiedene Aussprüche in der Litteratur. Die Singhalesische Chronik Mahâvansa erzählt (32, 35),
dass der König der Insel, der fromme Buddhist Dushtagâmani,
auf seinem Sterbebette um 120 v. Chr. G. ***) den Schreiber ein

---

nach Bhabra gekommen ist, welches über 120 Meilen von Patna (Pâtaliputra)
liegt. Sollte sie der Originalbrief des Königs sein, welchen er selbst hatte
einhauen lassen (lekhûpayâmi sagt er Z. 8) und welcher sich durch irgend
einen Zufall dahin verirrt hatte, so würde er unleugbar beweisen, dass es an
einem bequemen Stoffe zum Schreiben fehlte und zugleich andeuten, dass die
Schrift nicht sonderlich im Gebrauch gewesen sein konnte. Ich glaube aber
eher annehmen zu müssen, dass diese Inschrift eine Copie ist, welche von
einem Theilnehmer der Synode dort, wo sie gefunden ist, eingehauen wurde,
damit sie als ein Denkmal der Sorgfalt des frommen Königs für den Buddhistischen Glauben in seinem Kloster aufbewahrt würde.

*) Die Schreiber bilden eine eigene Kasten-Abtheilung, die noch nicht
bei Manu erwähnt wird. Sie werden mit dem Sanskritnamen Kâyastha benannt und als çûdras von reinem Blute angesehen (vgl Colebrooke, Essays 2, 182).

**) So z. B. ist da ein Schwanken in der Aussprache der Präposition
prati gewesen, welche auch pati gelautet hat, worin das r mit dem t zu
dem eigenthümlich Indischen cerebralen Laute zusammengeschmolzen ist.
Daher ist sampatipati 4, 2 und asampratipati 4, 6 geschrieben, aber
niemals prati oder pati.

***) Nach der Singhalesischen Angabe starb Dushtagâmani 406 nach
Buddha's Tod, welcher dort auf 543 v. Chr. G. angesetzt wird, also 137
v. Chr. G. Ich halte es aber für nicht unwahrscheinlich, dass dieser Zeitpunkt etwas zurückgeschoben ist, obgleich dies, soviel ich sehe, nicht sehr
bedeutend sein kann, und darum habe ich oben sein Todesjahr als etwa 120
angegeben. Dieselbe Bemerkung gilt auch für das Regierungsjahr des unten
genannten Königs Vartagâmani.

Buch über seine guten Thaten (puñña-potthaka) holen und daraus vorlesen liess, was er Gutes gethan hatte. Eine legendenartige Lebensbeschreibung Buddha's in Sanskritsprache, Lalita vistara, welche im J. 76 n. Chr. G. in das Chinesische übersetzt worden sein soll*) und in diesem Falle wenigstens als ein Zeugniss für die Sitte und den Gebrauch dieser Zeit gelten darf, lässt den jungen Fürstensohn, als er heranwächst, in eine Schreibstube (lipiçālā) führen und schreiben lernen. Der Buddhistische König Meghavāhana, Stifter eines neuen Reiches, welcher nach der Eroberung von Kalinga sich dort als Oberkönig salben liess, erwähnt in einer in diesem Lande gesetzten Inschrift, dass er als Knabe schreiben lernte**). Kālidāsa lässt in dem Drama Çakuntalā den Minister dem Könige ein Blatt mit schriftlicher Benachrichtigung von der Entscheidung einer Sache übersenden***), und zu seiner Zeit ist der Gebrauch der Schrift so allgemein gewesen, dass er sogar zu den Fertigkeiten junger Mädchen gehörte†).

Von Seiten der Buddhisten haben wir bestimmte Angaben über die Zeitpunkte, in welchen ihre heiligen Worte zuerst schriftlich aufgezeichnet wurden. Nach Ceilon wurde Buddha's Lehre gebracht im Jahre 250 v. Chr. G. oder bald nachher, durch König

---

*) M. Müller, Ancient Lit. p. 517.
**) Lassen, Ind. Alt. 2, 893. 697. Sein Zeitalter setzt Lassen auf 110 bis 144 n. Chr. G. (ebend. S. 903); aber was dort gesagt wird über die Gestalt der Schriftzeichen (ebend. S. 413. 764. 891) in der von ihm gesetzten Inschrift, welche ich selbst nicht gesehen habe, macht es mir zweifelhaft, ob das Zeitalter dieses Fürsten nicht etwas früher gefallen ist. In den grossen Reichen, welche wiederholt in Indien entstanden, wurden die einzelnen Theile nur durch die kräftige Hand des Oberherrn zusammengehalten; erschlaffte diese, so lösten sie sich auf und machten neuen Bildungen Platz.
***) Böhtlingk's Uebersetzung S. 93. Kālidāsa's Zeitalter kann nicht genau angegeben werden. Es fällt zwischen das erste vorchristliche und das zweite christliche Jahrhundert.
†) Çakuntalā wird von ihren Freundinnen aufgefordert „einen Liebesbrief zu schreiben". „Ich habe den Stoff zum Liede ausgedacht, es sind aber keine Schreibmaterialien zur Hand." „Grabe die Buchstaben mit den Nägeln in dieses Lotusblatt." (Böhtlingk's Uebersetz. S. 39—40). In einem andern Drama desselben Dichters schreibt Urvaçī ihren Liebesbrief auf ein Birkenblatt (Vikramorvaçī herausg. v. Bollensen, S. 25). Mit Rücksicht auf den Stoff, auf welchem geschrieben wurde, kann hier Curtius (8, 31) hinzugefügt werden: Libri arborum teneri haud secus quam chartae litterarum notas capiunt.

Açoka's beide Kinder, Mahendra und seine Schwester Sanghâmitrâ, und die Insel wurde ein Hauptsitz für den einen grossen Zweig des Buddhismus. Die eben angeführte Singhalesische Chronik erzählt bei der Erwähnung der Regierung des Königs Vartagâmani, 88—76 v. Chr. G. oder vielleicht etwas später, dass die hochweisen Priester sowohl den heiligen Text (den Text der drei Sammlungen, piṭaka-ttaya-pâli) wie dessen Deutung und Erklärung bisher nur durch mündliche Unterweisung überliefert hatten, dass sie aber jetzt beide in Bücher niederschreiben liessen, um den Glauben auf lange Zeit sichern zu können *). Die nördlichen Buddhisten berichten gleichfalls, dass die Niederschreibung der heiligen Bücher bei ihnen zuerst stattfand, nachdem sie einer sorgfältigen Durchsicht unterworfen worden auf der Kirchenversammlung, welche unter dem Turushka-Könige Kanishka gehalten wurde **). Dieser regierte im nördlichen Indien und in den angrenzenden Ländern, nach Lassen's Berechnung ungefähr 10—40 n. Chr. G. ***). Die erste Niederschreibung der heiligen Bücher geschah demnach im Laufe des Jahrhunderts um den Anfang unserer Zeitrechnung, und wahrscheinlich ohne gegenseitige Einwirkung; denn da die südlichen Buddhisten die damals gehaltene Kirchenversammlung nicht kennen, so muss die Trennung zwischen den beiden Hauptzweigen damals schon eingetreten und die Verbindung abgebrochen gewesen sein. Man wählte auch nicht dieselbe Sprache; denn auf Ceilon behielt man beinahe denselben Indischen Dialekt bei, welcher mit dem Glauben nach der Insel gebracht war, während man im Norden vorzog, die Lehre so gut man konnte in Sanskrit wiederzugeben.

---

*) Mahâvansa 32, 102—3. Diese beiden Verse finden sich schon im Dipavansa (Turnour, Examin. of the Pâli Annals Nr. 4. p. 15). Die Deutung und Erklärung war Singhalesisch (in der Volkssprache der Insel) abgefasst und wurde dem ersten Verkünder, Mahendra, zugeschrieben. Sie wurde später von Buddhaghosha, der um das Jahr 432 von Magadha nach der Insel hinüberkam, in die Sprache des Textes (Pâli) oder, wie sie heisst, die Magadha-Sprache übersetzt, (Mahâv. 37, 226 u. f.).

**) Schiefner im Bulletin hist. philol. de l'Acad. de St. Pétersb. IX. p. 99, nach einem Tibetanischen Werke über die Entwickelung des Buddhismus, welches ausdrücklich diese Zeit für die erste Niederschreibung angiebt.

***) Indische Alterth. 2, 852, 413.

Von Brahmanischer Seite haben wir dagegen gar keine Angabe der Zeit, in welcher das priesterliche Wissen schriftlich aufgezeichnet wurde. Wenn wir auf die ängstliche Sorgfalt sehen, welche die Kaste beständig zeigte, sich den Besitz des heiligen Wortes zu bewahren und für sich die ausschliessliche Berechtigung zu behaupten, Lehrer desselben zu sein, so kann man nicht annehmen, dass die Kaste Freund oder Beförderer der schriftlichen Aufzeichnung gewesen sei, da es durch dieselbe schwerer werden musste, die ausserhalb stehenden zu verhindern, sich in den Besitz der heiligen Bücher zu setzen und sich deren Inhalt anzueignen, gegen Wissen und Willen der Kaste und ohne deren Leitung und Hülfe zu benutzen. Inzwischen war noch vor dem Beginn unserer Zeitrechnung um das brahmanische Wissen eine neue Schranke erwachsen, welche die Schwierigkeit der Erwerbung desselben in hohem Grade vermehrte. Diejenige Sprache, in welcher jenes Wissen aufbewahrt, vorgetragen und überliefert wurde, war auf einer älteren Entwickelungsstufe stehen geblieben, während die gewöhnliche Umgangssprache beständig vorwärts schritt, und wenn wir auf den Fortschritt blicken, welchen sie schon zu Açoka's Zeit in dieser Richtung gemacht hatte, und auf die Verschiedenheit, welche schon damals eingetreten war, so können wir nicht zweifeln, dass in der Zeit, wo die Buddhisten Ceilon's ihre heiligen Bücher niederschrieben, die Volkssprache so weit von der gelehrten Sprache der Brahmanen (Sanskrit) entfernt war, dass es ein eigenes Studium erforderte, sie zu erlernen und die darin abgefassten Werke zu verstehen. Die Buddhistischen Priester hatten zwar keine Kaste zu behaupten; ihr Stand war offen für jeden, der der Welt entsagen und in denselben eintreten wollte; Buddha's Lehre brachte allen Menschen Erlösung, dem niedrigsten nicht weniger wie dem höchsten, und sie musste desshalb gepredigt werden, und wurde auch gepredigt, öffentlich vor allen in des Volkes eigener Sprache. Da deshalb bei den Buddhisten kein Unbetheiligter sein konnte, so hatten ihre Priester nicht den Grund, welchen die Brahmanen hatten, ihre Glaubenslehre geheim zu halten und sie für andere, als die zu ihnen gehörten, unzugänglich zu machen. Indessen war doch auch für die Buddhistischen Priester mit der mündlichen Ueberlieferung eine gewisse Gerechtsame verbunden; denn so lange dieselbe stattfand, war der Buddhistische

Geistliche, welcher die höchste Stufe der Wahrheitserkenntniss erreicht hatte und ein Arhat geworden war, im Besitz eines göttlichen Inspirations-Vermögens oder einer Allwissenheits-Macht, welche seinem Blicke die ganze Welt eröffnete, die Zukunft wie die Vergangenheit, und welche ihn daher mit Buddha's eigener Zeit in Verbindung setzen und ihn dessen Lehre aus seinem eigenen Munde hören lassen konnte*). Dies musste natürlich aufhören, und das wurde auch anerkannt, sobald die Lehre in Büchern niedergeschrieben worden war und dadurch eine feste äussere Gestalt bekommen hatte, welche das gleichzeitige Geschlecht überlebte. Wenn sich daher die Buddhistischen Priester entschlossen, die heilige Fähigkeit oder Macht aufzugeben, sei es auch nur zu Gunsten ihrer Nachfolger, so scheint mir der Grund hiervon der gewesen zu sein, dass die Anwendung der Schrift jetzt so gebräuchlich geworden war, und die Bücher so allgemein und natürlich, dass die blosse mündliche Ueberlieferung, welche sich nicht auf eine schriftliche Grundlage stützte, ihre frühere Glaubwürdigkeit verloren hatte und Gefahr lief, mit Misstrauen aufgenommen zu werden. Wenn eine neue Bewegung an einer Stelle eintritt, pflegt sie sich auch an anderen unter gleichen oder ähnlichen Verhältnissen zu äussern. Daher kommt es mir höchst wahrscheinlich vor, dass die Entwickelung des Jahrhunderts, welche die schriftliche Aufzeichnung der heiligen Bücher bei den Buddhisten auf Ceilon und in Nordindien mit sich führte, auch ihren Einfluss mit derselben Folge über die Brahmanenkaste erstreckte, welche nicht an eigenen, abgesonderten Orten lebte und wirkte, sondern mit jenen zusammen wohnte unter denselben äusseren Verhältnissen und Einwirkungen. In jedem Falle darf man gewiss mit Sicherheit annehmen, dass das eigentlich priesterliche Wissen dasjenige war, welches zuletzt der Aufbewahrung durch die Schrift übergeben wurde, und dies erst, nachdem man lange vorher angefangen hatte, die Schrift zur Sicherung dessen, was man gelernt hatte und zur Abfassung wirklicher Bücher anzuwenden; und wenn auch die Aussage des Mega-

---

*) Dies wurde wenigstens in Ceilon geglaubt, wo man den Namen des letzten dieser Geistlichen bewahrt hat, nämlich Malayadeva thera (Turnour's Ausgaben des Mahâvansa, Einl. p. 28. 29), und dasselbe war vermutlich auch im übrigen Buddhistisshen Indien der Fall.

sthenes, dass die Indier keine geschriebenen Gesetze hatten, gewiss auch von den übrigen Theilen des priesterlichen Wissens seiner Zeit gilt, so schliesst dies doch andererseits nicht die Möglichkeit aus, dass auch zu seiner Zeit einzelne geschriebene Bücher einer anderen Richtung vorhanden gewesen sein könnten. Das priesterliche Wissen macht indessen den grössten und zugleich den ältesten Theil derjenigen Denkmäler aus, welche uns von der alten Indischen Culturentwickelung übrig geblieben sind, und es ist klar, dass es lange Zeit hindurch allein durch mündliche Ueberlieferung von Geschlecht zu Geschlecht aufbewahrt worden ist. Es muss sich daher begründeter Zweifel an der Zuverlässigkeit und Glaubwürdigkeit dieser Denkmäler erheben, besonders wenn man in Betracht zieht, dass die Zeit der mündlichen Ueberlieferung Jahrhunderte, vielleicht über ein Jahrtausend umfasst haben muss, in welchen sie folglich allen gefährlichen Einwirkungen und Einflüssen ausgesetzt waren, welche der Mangel schriftlicher Aufzeichnung mit sich führen kann, und man frägt natürlich, was damals geschehen sei, um diesen Gefahren zu entgehen oder zu widerstehen und dem Ueberlieferten seine Ursprünglichkeit zu sichern. Ohne Schrift giebt es keine Litteratur. Aber es kann zu einer gewissen Zeit eine Kenntnissmasse vorhanden sein, von grösserem oder geringerem Umfange, mehrseitig oder einseitig, welche, ohne dass ein einzelner sie vollständig inne hat, in grösserer oder geringerer Ausdehnung unter wenigere oder mehrere vertheilt ist. Es ist ferner möglich, dass diese Kenntnissmasse von Geschlecht zu Geschlecht gegangen ist, indem jeder einzelne ernstlich bemühet war, mit Genauigkeit von dem vorangehenden Geschlechte zu lernen, das gelernte mit Treue zu bewahren und es mit Sorgfalt wieder den Folgenden zu überliefern, in demselben Umfange und in denselben Formen, in welchen er es empfangen. Dies haben die Brahmanen in der That zu thun gestrebt und sie sind auch nicht blind gewesen für die Uebelstände, welche leicht aus der mündlichen Ueberlieferung entstehen und eine natürliche Folge derselben sind. Durch die schriftliche Aufzeichnung ist die Möglichkeit gegeben, dass Quellen vorhanden sind, welche viel älter sind als das lebende Geschlecht, und in welchen dasselbe folglich nicht bloss eine Bürgschaft für die Richtigkeit seines Wissens finden, sondern aus welchen es auch neue Stärkung für dasselbe holen kann, wenn es anfängt zu mangeln, und Mittel es auf den rechten Weg zurückzubringen, wenn es sich verirren sollte; und diese Quellen werden um so zahlreicher sein, mit je grösserer Liebe die Reihe der Geschlechter die Denkmäler der Väter umfasst hat. Anders verhält es sich mit der mündlichen Ueberlieferung; da hat das eine Geschlecht keine andere Bürgschaft als sein eigenes Vertrauen auf die Zuverlässigkeit des vorhergehenden; es hat keine andere Sicherheit als sein eigenes Gedächtniss, dessen Entwickelung bis zum höchsten Grade der Stärke daher eine Hauptaufgabe der Erziehung sein muss. Aber selbst das stärkste Gedächtniss kann zuweilen untreu sein und irre leiten, und hier, wo es namentlich die Heiligkeit einer göttlichen Offenbarung galt, war die Gefahr um so viel grösser, da es überdiess nicht immer leicht sein konnte, einen begangenen Irrthum zu entdecken, oder ihn zu berichtigen, wenn er bemerkt war. Denn die Entdeckung eines Irrthums konnte erst dann stattfinden, wenn der Lehrer, bei welchem er entstanden war, oder seine Schüler in Berührung mit der Mitwelt kamen, so dass ein vorhandener Unterschied bemerkt wurde. Selbst dann konnte es oft zweifelhaft sein, auf wessen Seite die Verirrung eigentlich sei, da hier im Ganzen genommen das eine Gedächtniss dem anderen als gleichberechtigt gegenüber stand. Dazu musste kommen, dass, je grösseres Zutrauen ein Lehrer zu der Stärke seines eigenen Gedächtnisses hatte, um so weniger er geneigt sein konnte, die Ueberlegenheit eines anderen in dieser Hinsicht einzuräumen, und je mehr Ansehen und Ruf wegen Gelehrsamkeit und Frömmigkeit ein Lehrer in seinem täglichen Lehrkreise und bei der Mitwelt genoss, desto grösseres Gewicht mussten auch seine Worte haben, selbst wenn sie irrig waren, gegenüber denen anderer Lehrer von weniger Ansehen und Bedeutung. Hierin lag die Möglichkeit, dass das Unrichtige sich halten und sich in andere Kreise weiter verbreiten konnte, bis es allgemein und alt wurde und desshalb als das einzig Richtige angesehen, so dass es das Ursprüngliche und Aechte ganz verdrängte, um vielleicht selbst wieder dem Angriffe einer anderen jetzt mehr angesehenen und anerkannten, obgleich eben so unberechtigten Ueberlegenheit zu weichen. Indem man dies erkannte, suchte man Mittel, welche, wenn auch nicht dem Emporkommen von etwas Neuem und Unrichtigem gänzlich vorbauen, doch die Entdeckung desselben erleichtern und es möglich machen konnten, einen Irrthum selbst in dem Kreise zu berichtigen, in welchem er entstanden sein mochte. Von höchster Wichtigkeit für die Brahmanen waren die alten heiligen Lieder, da diese von den Göttern gegeben und die einzigen Mittheilungsmittel waren, durch welche dieselben bewogen werden konnten, die Lobgesänge und Gebete der Menschen zu hören. Da jede, selbst die geringste Veränderung die Wirkung des Liedes vernichtete, so kam es darauf an, das göttliche Wort gänzlich unverändert zu erhalten, sowohl in Rücksicht auf den Inhalt, wie auf die Form, und dies wurde zum grossen Theile erleichtert durch die gebundene Rede, in welcher es offenbart war. Einige Bekanntschaft mit den Vedas war nothwendig für jedes Mitglied der drei Kasten, welche zwiegeborene waren, indem sie zu der natürlichen Geburt eine zweite und höhere, geistige fügten, welche sichtbar dadurch bezeichnet wurde, dass sie mit der heiligen Schnur umhängt wurden und welche sich auf ihre Einweihung in die heiligen Kenntnisse gründete, so dass der Mangel derselben gradezu die Ausstossung aus der Kaste und damit auch aus der Gesellschaft verursachte. Zwar war es nur ein sehr geringes Maass von heiligen Kenntnissen*) welches von allen gefordert wurde und womit die beiden Kasten der Krieger und der Vaiçyas sich in der Regel begnügen mussten, da ihre täglichen Geschäfte, welche ihnen die Götter gleichfalls zur unverbrüchlichen Beobachtung vorgeschrieben hatten, kein fortgesetztes Studium gestattete; aber diese unbedingte Forderung musste doch dazu beitragen, bei allen einen hohen Grad von Achtung und Ehrerbietung für die grössere und mehr umfassende Gelehrsamkeit zu erzeugen und zu erhalten. Wenn auch der Brahmane durch seine blosse Geburt hoch über alle anderen gestellt war, so war doch das persönliche Ansehen, welches er fordern konnte, wesentlich bedingt durch den Umfang seiner Gelehrsamkeit. Es war die heilige Pflicht der Brahmanenkaste, die göttliche Offenbarung zu lernen und

---

*) Es beschränkte sich darauf, das Wort om zu kennen, welches das heiligste von allen war; die drei mystischen Wörter bhûr, bhuvah, svar und einen einzelnen Vers eines Liedes des Rigveda (3, 62, 10): tat savitur varenyam bhargo devasya dhimahi, dhiyo yo naḥ pracodayât, „wir verehren das herrliche Licht der strahlenden Sonne, welches unsere Thaten fördert."

sie dem folgenden Geschlechte wieder zu überliefern. Dass der Brahmane auch nicht mit Leichtsinn an diese seine Thätigkeit gegangen ist, erhellt deutlich aus den Aufzeichnungen, welche wir über das gegenseitige Verhältniss und die Haltung des Lehrers und Schülers, über die Art des Unterrichts und über die Dauer der Lehrzeit haben. Der Brahmanen-Knabe wurde in einem Alter von sieben oder acht Jahren, zuweilen auch früher, einem Lehrer übergeben, in dessen Hause er sich dann so lange aufhielt und von ihm allein oder mit Unterstützung anderer Unterlehrer seinen ganzen Unterricht empfing*). Für den Schüler war der Lehrer ein Vater, dem er um so grössere Ehrerbietung schuldig war, als die geistige Geburt, die er von ihm empfangen, über der irdischen Geburt stand. Der tägliche Unterricht begann, nachdem die gewöhnlichen religiösen Gebräuche am Morgen beobachtet waren, sofern nicht sonst ein Hinderniss eintrat. Der Schüler setzte sich dem Lehrer zur Seite, oder, wenn ihrer mehrere waren, ihm gegenüber. Auf ihre ehrerbietige Aufforderung sagte er dann zuerst zweimal ein kleines Stück (praçna) vor, welches je nach der Länge des Versmaasses aus zwei oder drei Versen bestand. Davon sagte er dann der Reihe nach ein oder mehrere Wörter, welche die Schüler darauf wiederholten, einer nach dem anderen, und woran die nöthige Erklärung geknüpft wurde, und damit fuhr er fort, bis das ganze Stück so durchgegangen und erklärt war, worauf die Schüler es im Zusammenhange wiederholten. Der Lehrer ging dann über zum folgenden Stücke und fuhr in der Weise fort, bis das Tagewerk zu Ende war, bis sechzig oder einige mehr oder weniger solche Stücke durchgegangen waren, worauf die Schüler den Lehrer mit ehrerbietigem Grusse verliessen**). Dabei war es stets des Schülers Pflicht, wenn Zeit und Ort es gestatteten, das gelernte für sich zu wiederholen. Die Dauer der Lehrzeit war natürlich verschieden, sie hing sowohl von dem Eifer und Fleisse des Schülers ab, als auch von der Masse der Kenntniss, welche er sich zu erwerben wünschte. Für denjenigen, welcher sich alle drei liturgischen Vedas zugleich mit den übrigen priesterlichen Kenntnissen aneignen wollte, setzt Manu's Gesetz-

---

*) Manu 2, 36—37.
**) Çaunaka's Prātiçākhya, Cap. 15 (Journal Asiatique 12, 137 u. f.)

buch (3, 1) eine Lehrzeit von 36 Jahren voraus, welche so hingebracht wurde, indem er Stück für Stück lernte und durch beständige Wiederholung sich das gelernte genau einprägte. Auch wenn er, nachdem er das Haus seines Lehrers verlassen, in das zweite Lebensalter getreten war und sich als Hausvater seinen eigenen Heerd gegründet hatte, lag es ihm ob als heilige Pflicht, welche Stellung er auch in der Gesellschaft einnahm, die Veda-Kenntniss, welche er erworben hatte, durch beständige Wiederholung für sich in der Erinnerung zu bewahren. Dabei war es ihm auferlegt, beim Hersagen der Vedas die Wörter deutlich und bestimmt auszusprechen und sich sorgfältig vor allen Fehlern zu hüten, welche eine nachlässige Aussprache verursachen konnte*).

Die Vedas wurden in drei Gestalten oder Formen (pâtha) gelernt. Die erste war der samhitâ-patha (Zusammenhangsform), in welchem die Wörter in derjenigen Gestalt auftraten, welche die Wohllautsgesetze der Sprache bei ihrer Verbindung mit dem folgenden oder vorhergehenden Worte im Satze verlangten, und dies war die Form, in welcher die Veda-Lieder bei der Ausführung der heiligen Handlungen gebraucht werden mussten. Die zweite Form hiess pada- pâtha (Wortform), weil in ihr die ein-einzelnen Wörter aus ihrer Verbindung im Satze gelöst und in Form und Betonung so wiedergegeben wurden, wie sie lauteten, wenn sie von den Wohllautsgesetzen des Satzes unberührt blieben. Ausserdem wurden bei dieser Art die Composita in ihre Bestandtheile aufgelöst und zugleich einzelne Beugungs- und Ableitungsendungen von dem Wortstamme getrennt, und diese Auflösung und Trennung wurde beim Hersagen durch ein etwas kürzeres Einhalten der Stimme ausgedrückt, als dasjenige war, welches zwischen den vollständigen Wörtern stattfand. So wurde z. B. der Vers Rigv. 1, 3, 5: indrâ yâhi dhiyeshito viprajûta*h* sutâvata*h* im Pada-pâtha zu: indra . â . yâhi . dhiyâ . ishita*h* . viprajûta*h* . suta - vata*h* u. s. w. Der Zweck hierbei war wesentlich das richtige Verständniss des Textes durch die richtige Erkenntniss der einzelnen Wörter; aber dies diente zugleich in hohem Grade zur Sicherstellung des Textes, indem es dazu beitrug, den Verderbnissen vorzubeugen, welche bei der mündlichen

---

*) Manu 4, 99. Çaunaka's Prât. Cap. 14 (Journ. As. 11, 329 u. f.)

Ueberlieferung leicht entstehen, theils dadurch, dass die Wörter undeutlich zusammenfliessen, theils durch den Versuch, welcher dabei unwillkürlich und oft unbewusst gemacht wird, dasjenige, was undeutlich und unverständlich ist, auszubessern*). Eine Vereinigung dieser beiden Formen war Krama oder Krama-pâṭha (Reihenform), welche gebildet wurde durch Wiederholung jedes Wortes, nach bestimmten Regeln, in Verbindung sowohl mit dem vorhergehenden, wie mit dem folgenden; wodurch sich nach und nach sowohl die Veränderungen zeigten, welche die Worte nach den Wohllautsgesetzen erlitten in ihrer Verbindung im Satze, wie auch ihre Form, wenn sie allein standen. Von dieser Krama-Form giebt es mehrere Arten. Als Beispiel der einfachsten Art kann folgender Vers dienen: parjanyâya pra gâyata divas putrâya milhushe (Rigv. 7, 102, 1.), aus welchem im Krama wurde: parjanyâya pra.pra gâyata.gâyata divaḥ.divas putrâya. putrâya milhusha iti milhushe. u. s. w.**). Diese Form ist erst nach den beiden anderen aufgekommen und stützt sich auf sie. Als der erste, welcher diese Form vortrug (pra-uvâca) oder als der erste Lehrer derselben (Krama-pravaktar) wird genannt Bâbhravya Pancâla d. h. Pancâla Sohn des Babhru***), oder ein Sprössling des Bâbhravya-Geschlechtes (gotra) nach Mahâbhârata 12, 13262. Sie fand anfangs Widersacher, welche ihren Nutzen bestritten, weil sie keine andere Ausbeute gewährte, als die

---

*) Dieser Padapâṭha fand Nachahmung bei den Buddhisten auf Ceilon und da die Wohllautsgesetze in ihrer heiligen Sprache (Pâli) eine sehr untergeordnete Bedeutung hatten, suchte man das gegenseitige Verhältniss der einzelnen Wörter im Satze deutlich zu machen. Dies ist so durchgeführt in der Pâli-Handschrift No. 11 der Kgl. Bibliothek zu Kopenhagen, welche eine von Buddha's Reden, Satipaṭṭhâna-sutta, enthält. Vergl. Codices Orient. Biblioth. Reg. Havn. I, p. 25.

**) Dies Beispiel wird angeführt im Commentar zu Çaunaka's Prâtiçâkhya 10, 2 (Journ. As. 10, 381). Ein Beispiel einer andern mehr entwickelten Art ist angeführt von R. Roth (Zur Lit. d. Veda p. 84) nach einer Handschrift der Vâjasaneyi Saṃhitâ in Oxford, wonach die Zeile: uru vishṇo vi kramasva uru-xayâya nas kṛīdhi, so wiedergegeben ist: uru vishṇo vishṇu urûru vishṇo.vishṇo vi vi vishṇo vishṇo vi.vishṇo iti vishṇo. vi-kramasva kramasva vi vi-kramasva.kramasvorûru kramasva kramasvoru.uru-xayâya xayâyorûru-xayâya u. s. w.

***) Çaunaka Prâtiçâkhya 11, 33 und Commentar dazu (Journ. As. 10, 447). Babhru wird genannt als Seher des Liedes Rigv. 5, 30.

4

schon durch die beiden anderen gewonnen war, und welche sie verwarfen, weil sie nicht von den Vätern überliefert sei (na çruta). Aber dessen ungeachtet machte sie sich geltend. Andere Lehrer, wie Gârgya und die Schüler des Çâkalya*) nahmen sie auf, die Sprache bildete einen eigenen Ausdruck, Kramaka, für denjenigen, welcher sie lehrte oder kannte (Pân. 4, 2, 61), und die spätere Sage im Mahâbhârata erzählt, dass Pancâla sie vom Gott Nârâyaṇa empfangen habe. Der wesentlichste Zweck dieser Form war, das Gedächtniss zu unterstützen**) und obgleich sie ein gedankenloses Hersagen von Worten hervorbrachte, war sie doch besonders geeignet, das Gedächtniss zu stärken, und dadurch wurde ausserdem, was auch zu ihren Gunsten geltend gemacht wurde***), der überlieferte Text in einem weit höheren Grade gesichert, als durch den blossen Padapâṭha.

Zu diesen Bemühungen, die Ursprünglichkeit und Reinheit der alten Lieder zu bewahren, traten noch andere hinzu. Man begann zeitig, die Sprachformen derselben zum Gegenstand grammatischer Untersuchung zu machen, indem man Acht gab auf die stattfindenden Abweichungen von der allgemeinen Umgangssprache, auf die Eigenthümlichkeiten, welche sie zeigten, sowohl in Rücksicht auf die Lautverhältnisse, wie auf die Beugung und Bedeutung der Wörter, und man sammelte Wörter, welche in den Liedern vorkamen, aber nicht länger gebräuchlich waren, und suchte diese zu deuten. Ausserdem zählte man die Lieder und die kleineren Abschnitte derselben (varga), die Verse (ric) und die Verszeilen, ja auch die einzelnen Worte und Silben; man ordnete die Abschnitte nach der Anzahl der Verse, die Verse nach den Versmaassen und zählte, wie viele von jeder Art waren†). Man sammelte endlich sowohl die Namen der Seher, welche die Lieder verkündet hatten, wie der Gottheiten, welche

---

*) Çaunaka Prât. 11, 10. 31.
**) Sie war smṛti-prayojana, nach Vâjasaneyi Prâtiç. 4, 179.
***) Im Atharvaveda-Prâtiçâkhya, s. Ind. Stud. 4, 281.
†) So wie wir jetzt den Rigveda haben, enthält er 1017 Lieder ohne die 11 Zusatz-Lieder (Khila), welche in zehn Kreise (maṇḍala) geordnet sind. Nach Çaunaka's Berechnung (in dessen anukramaṇî, s. Müller's Anc. Lit. p. 220) enthalten sie 2006 Abschnitte (varga) und 10,580½ Verse oder 21,232½ Verszeilen. Die Anzahl der Verse stimmt indess nicht ganz mit den Anga-

der Gegenstand der Verse der Lieder waren, da jeder Vers seine Gottheit hatte, welcher er geheiligt war*). Zieht man alle diese Bemühungen in Betracht und erwägt die Zeit, den Fleiss und die Sorgfalt, welche angewandt wurden, um die heiligen Gesänge zu lernen und zu bewahren, so ist ein hoher Grad von Wahrscheinlichkeit vorhanden, dass wir diese wirklich in einer sehr alten Gestalt besitzen, wenn auch nicht grade immer in der ältesten und ursprünglichen.

Die alten Lieder wurden in den vier Vedas gesammelt und geordnet. Von diesen hatten drei denselben religiösen Zweck, während der vierte einen anderen und davon verschiedenen hatte. Die Lieder nämlich, welche in diesem, dem Atharva-veda gesammelt wurden und welche den heiligen Atharvan und Angiras zugeschrieben wurden, hatten zur Absicht, einen begangenen Fehler zu sühnen, einer drohenden Gefahr vorzubeugen und ein eingetroffenes Unglück abzuwehren oder zu mildern. Die Lieder hatten in sich selbst eine magische Kraft, ihren Zweck zu erfüllen; sie waren daher nützlich und nothwendig, nicht bloss um Unfällen zu begegnen, welche sich bei der Opferhandlung ereigneten, weshalb der Priester, welcher der Leitung derselben vorstand (Brahman), sie kennen musste, sondern auch im täglichen Leben bei den verschiedensten Veranlassungen, wo die

---

ben der Zahl der Abschnitte nach deren Verszahl; denn die Summe hiervon giebt 10,417 Verse und nach der Angabe des Vorkommens der Versmaasse kommen 10,409 Verse heraus. Diese Verschiedenheit kann aber nicht befremden, wenn man bedenkt, dass die ganze Summirung bloss durch Kopfrechnung geschehen musste. Nach der Angabe einer anderen Schrift, Carana-vyûha, welche offenbar aus einer viel späteren Zeit herrührt, wo der Rigveda schriftlich vorliegen konnte, sollen es 2042 Abschnitte mit 10,622 Versen sein. Çaunaka giebt ferner die Zahl der Wörter auf 153,826 an, oder nach Abzug der Verse oder Zeilen, welche öfter wiederholt sind, auf 110,704; Silben sollen in einer runden (und etwas verdächtigen) Zahl 432,000 sein.

*) Es war nicht immer leicht, eine Gottheit für jeden einzelnen Vers zu finden und dies hat die Erklärer nicht selten in Verlegenheit gesetzt. Ab und zu hat man sich geholfen, indem man den Gegenstand des Liedes zur Gottheit desselben machte. So ist König Svanaya die Gottheit von Rv. 1, 125 und 126, ein Glücksvogel (Kapinjala, Rebhuhn) für Rv. 2, 42—43, die Opferspeise (pitu) für Rv. 1, 187, der Opferrausch (mada) für Rv. 5, 44, 11 u. s. w. Nach Nirukta 2, 3 glaubte Çâkapûni die Gottheiten für alle Verse zu kennen, war aber doch in Verlegenheit mit Rv. 1, 164, 29.

eigene menschliche Kraft nicht ausreichend war*). Der Atharvaveda genoss nicht dasselbe ehrfurchtgebietende Ansehen, noch die Heiligkeit, und seine Sprachformen sind im Ganzen jünger als die der drei anderen Vedas. Diese bildeten ein eigenes Ganzes und wurden daher auch Trayi (die Dreiheit) genannt. Der Zweck ihrer Lieder war die Verehrung der Götter; sie waren nothwendig zur Ausführung aller Opferhandlungen sowie zur Beobachtung der heiligen Gebräuche des Hauses. Von diesen drei Vedas war indessen der Sâmaveda allein für den Udgâtar-Priester bestimmt und der Yajurveda für den Adhvaryu Priester; sie enthielten daher nur diejenigen Verse, welche von diesen beiden Priestern und ihren Gehülfen gebraucht werden sollten, und die Verse waren wieder ausgezogen aus den Liedern im Rigveda, welcher der wichtigste von ihnen ist. Dieser umfasst nämlich überdies nicht bloss diejenigen Lieder, welche der dritte Opferpriester, Hotar, herzusagen hatte, sondern auch viele andere, welche keine Anwendung fanden, weder bei dem öffentlichen, noch bei dem Privat-Gottesdienste, so dass ein liturgischer Zweck nicht der vorwaltende bei der Sammlung der Lieder im Rigveda gewesen ist; sondern man hat geglaubt, alle Lieder darin aufnehmen zu müssen, welche man als alte und heilige kannte und daher auch als solche, welche würdig wären, der Nachwelt überliefert zu werden. Es geht aus dem Rigveda selbst mit hinlänglicher Klarheit hervor, dass wir lange nicht alle die Lieder besitzen, welche in jener Zeit in den verschiedenen Gegenden Indiens ertönten und es ist wahrscheinlich nur ein sehr kleiner Theil von ihnen, der aufbewahrt ist. Ebenso liegt es in der Natur der Sache, dass die Sammlung, welche wir unter dem Namen Rigveda kennen, erst allmälig die Form und den Umfang erreicht haben kann, in welchen wir sie besitzen. In welcher Weise diese Entwickelung stattgefunden, im Ganzen und in ihren Einzelheiten, darüber fehlen alle Angaben, und man ist allein auf Vermuthungen angewiesen, wenn man sich eine Vor-

---

*) Darum sagt Manu (11, 31—33), ein Brâhmana solle nicht beim Könige klagen, sondern selbst den Beleidiger strafen durch seine eigene Kraft, welche stärker als die des Königes ist; er soll ohne Bedenken die von Atharvan und Angiras gegebenen Lieder gebrauchen; denn das Wort ist die Waffe des Brâhmana, womit er seine Feinde schlagen kann.

stellung von dem Gange machen will, den sie genommen hat. Es scheint da natürlich, anzunehmen, dass sie begonnen habe in der Zeit, wo die Anschauung um sich griff, dass die älteren Lieder, deren Kraft und Wirkungen die Väter erprobt hatten, neueren vorzuziehen seien, und die ersten Sammlungen rühren sicher von den Priestergeschlechtern her, welche sich durch Frömmigkeit und Heiligkeit im Ansehen bei ihren Zeitgenossen hoch erhoben hatten und deren Namen die Tradition in der Erinnerung bewahrt hat als Seher oder Dichter der Lieder. Ferner muss man annehmen, dass die ursprünglichen Sammlungen an verschiedenen Orten vorgenommen wurden und dass sie sehr abweichend waren, sowohl in Rücksicht auf Inhalt, wie auf Umfang; während die späteren, als die Opferhandlung schon festere Form annahm und grössere Kenntniss grösseres Ansehen verlieh, allmälig erweitert wurden durch Aufnahme theils älterer Lieder, welche an anderen Orten gesammelt und aufbewahrt waren, theils auch neuerer heimischer, welche inzwischen das Gewicht und Ansehen des Alters gewonnen hatten. Als endlich der Priesterstand sich zur Brahmanenkaste entwickelt hatte, welche eine selbständige, von den übrigen getrennte Einheit mit gemeinschaftlichem Zweck und Interesse ausmachte, muss der Nutzen und die Nothwendigkeit einer gewissen Gleichförmigkeit in dieser Hinsicht einleuchtend gewesen sein und sich mit immer grösserer Kraft geltend gemacht haben, bis die Bemühungen, dies Ziel zu erreichen, welches durch einen allgemeineren und innigeren Verkehr der einzelnen Priestergeschlechter bedeutend erleichtert werden musste, endlich zu einer Vereinigung der verschiedenen localen Sammlungen geführt haben, so dass im Grossen und Wesentlichen eine Einheit oder ein Ganzes zu Stande gebracht wurde, während dabei im Einzelnen und Untergeordneten die localen Eigenthümlichkeiten bewahrt wurden, so in Rücksicht auf die Form der Lieder, wie auch auf Inhalt, Umfang und Ordnung der Sammlungen selbst. Diese Gleichförmigkeit, gepaart mit Verschiedenheit, hat wirklich stattgefunden und sich lange erhalten, wozu auch die mündliche Ueberlieferung in nicht geringem Grade beigetragen hat, indem es sich wohl nicht selten getroffen hat, dass, während sie auf einer Seite eine vorhandene Verschiedenheit ausglich, sie auf der anderen Seite neue hervorrief. Dadurch entstanden mehrere mündliche Recensionen, welche auf eine oder die andere Weise mehr oder weniger von einander abwichen; aber alle waren von gleicher Geltung, jede in ihrem eigenen Kreise von Lehrern, Schülern und Priestern. Eine solche mündliche Recension hiess Çâkhâ, ein Zweig, denn sie war gleichsam aus dem üppigen Baume des Veda herausgewachsen, und die Reihe von Lehrern, welche entweder gleichzeitig oder nach einander eine solche Çâkhâ vortrugen, hiess Carana (Schule), welche in der Regel ihren Namen von ihrem Stifter empfing, oder von dem Lehrer, welcher, indem er in einer oder anderer Hinsicht Veränderungen vornahm, eine neue Recension hervorbrachte, und welcher ein so grosses Ansehen genoss, dass er sich dadurch anderen und älteren gegenüber behaupten konnte. Innerhalb einer Schule (Carana) war die Textrecension (Çâkhâ) das Band, welches sie zusammenhielt, aber die Verbindung wurde ohne Zweifel gestärkt durch dieselbe Einrichtung, welche wir deutlich in einem anderen Gebiete des täglichen Lebens antreffen. Alle Fragen über Recht und Unrecht mussten entschieden werden nach dem von den Vätern ererbten Herkommen; darüber waren alle einig, wie auch darüber, dass Zufälle eintreten konnten, deren Entscheidung zweifelhaft war und worüber das geltende Herkommen, keine Bestimmung gab. Wenn ein solcher Fall eintrat, wurde die Entscheidung einer Versammlung (Parishad oder Parshad) überlassen, welche aus den tüchtigsten, gelehrtesten und frömmsten Brahmanen bestand, die man finden konnte; und selbst wenn man aus Mangel an mehreren genöthigt war, sich auf drei oder sogar einen einzigen Vedakundigen Brahmanen zu beschränken, so war doch das Urtheil, welches unter solchen Umständen darüber gefällt wurde, was in dem vorliegenden Falle Recht oder Unrecht sei, das allein gültige, wie sehr es auch dem widersprechen mochte, was zehntausend Unwissende etwa meinten*). Aehnliche Versammlungen sind von Lehrern innerhalb der einzelnen Schulen abgehalten worden, obgleich wir den Umfang ihrer Wirksamkeit und die Weite ihres Einflusses nicht genau kennen. Von diesen Versammlungen ist indessen eine Reihe sprachlicher Arbeiten ausgegangen, welche namentlich die Lautverhältnisse betreffen und die Regeln, welche

---

*) Vergl. Manu 12, 110—115. Yâjnavalkya 1, 9.

in dieser Hinsicht beim Studium der drei Veda-Formen zu beobachten waren. Deshalb hiessen sie auch entweder Pràtiçàkhya, weil sie ihre Beispiele aus einer bestimmten Textrecension (Çàkhà) hernehmen und sich auf diese allein stützen mussten, oder auch Pàrshada, weil sie von einer Parshad herrührten *). Jeder lernte in der Regel nur diejenige Çàkhà eines Veda, welche seiner eigenen Schule angehörte, und es wurde vorausgesetzt, dass er diese immer bis auf den Grund kannte. Wenn Stellen derselben anzuführen waren in anderen litterarischen Arbeiten, welche von derselben Schule ausgingen, so war es hinreichend, das Anfangswort zu nennen, während man dagegen, wenn man sich auf Stellen berief, die einer anderen Çàkhà angehörten, diese vollständig anführte **). Nachdem die Opferhandlungen der Vedas anderen wichen, und die Vedas dadurch, ohne etwas von ihrem heiligen Ansehen zu verlieren, doch an praktischer Bedeutung verloren, während dabei das Studium derselben durch die zunehmende Verschiedenheit ihrer Sprachformen von der lebenden Muttersprache immer schwieriger wurde, war es sehr natürlich, dass auch die Zahl der Lernenden abnahm. Eine directe Folge hiervon war, dass (um in dem Indischen Bilde zu bleiben) viele von den Zweigen des Veda-Baumes aus Mangel an Pflege hinwelkten, oder dass eine Zahl von Textrecensionen allmälig verschwand, meistens ohne eine Spur zu hinterlassen und mit ihnen zugleich die Arbeiten, welche sich darauf gründeten, und dass nur solche Recensionen noch ferner der Gegenstand des Unterrichts und später des Abschreibens blieben, welche man als die besten in ihrer Art erkannte und welche deshalb auch zugleich die meisten Hülfsmittel zur Erleichterung und Förderung ihres Studiums aufweisen konnten ***). Aber dieselbe Sorgfalt, welche man früher anwandte, um die Vedas auswendig zu lernen, zeigte sich jetzt in dem genauen Abschreiben derselben. Die Handschriften, welche wir haben,

---

*) Nirukta 1, 17. Parishad und Pârishada, Pânini 4, 3, 123.

**) Z. B. in âçvalâyana's Kalpa-sûtra, welches sich auf Çaunaka's Text des Rigveda stützt, aber auch für die Schule der Aitareyins bestimmt war, nach Müller's Anc. Lit. p. 180. 182. 459.

***) So ist nur eine einzige Textrecension (Çàkhà) des Rigveda bewahrt und nur einzelne Spuren von einigen wenigen anderen.

sind daher im Ganzen genommen vorzüglich und so gut wie frei von Abschreiberfehlern irgend einer Art. Daher finden sich in ihnen keine eigentliche Varianten, und obgleich dies natürlich ist, da sie alle, jede in ihrer Art, auf ein einziges Original zurückgehen, so zeigt dies doch klar nicht bloss die Kenntniss, welche die Abschreiber besessen haben*), sondern auch die Sorgfalt und Redlichkeit, mit welcher sie zu Werke gegangen sind, so dass sie sich nicht darauf eingelassen haben, was meistens nicht schwer gewesen wäre, die Uebereinstimmung zu Stande zu bringen, welche den Originalen fehlte**).

Bei den alten Liedern war der Stoff eng mit der Form verbunden und beide liessen sich nicht leicht trennen. Dies war aber nicht der Fall bei den übrigen Theilen des Brahmanischen Wissens, von denen wir Denkmäler übrig haben; denn hier muss man unterscheiden zwischen Stoff und Form, und es trifft sich nicht selten, dass beide verschiedenen Zeiten angehören und dass der Stoff viel älter sein kann, als die Form, in welcher er uns entgegentritt. Ausser den Liedern selbst musste auch ihre Anwendung und ihr Gebrauch namentlich bei dem öffentlichen feierlichen Opferdienste gelernt werden, so wie die Art, in welcher dieser zu vollziehen war. Lehren über diese Art oder Reihen von Bestimmungen, die zu befolgen waren, von Verhaltungsregeln, welche bei der Vollziehung der Opferhandlungen beobachtet werden mussten, hiessen Kalpa***). Daneben war es von nicht geringerer Wichtigkeit, Grund und Bedeutung der Opfer-

---

*) Selbst Kleinigkeiten wurden beachtet. So verkürzen nach Rv. Pratiç. 4, 39 die Wörter varuna und vrata am Ende von Zusammensetzungen in den Liedern Rv. 1, 12—24 das schliessende û zu a, vor einem stummen Consonanten, Nasal und Halbvokal (z. B. 1, 17, 8—9. 15, 6; aber nicht 23, 5 vor einem h), und diese Eigenthümlichkeit findet in anderen Liedern nicht statt, wohl aber ähnliche andere, z. B. asura für asurâ Rv. 1, 151, 4. Eine andere Unregelmässigkeit ist so ein nu statt sa ein nu, welches sich nur in Agastya's Liedern (z. B. 1, 191, 10) und im zehnten Buche findet, dagegen sonst regelmässig su (Prât. 4, 40) u. s. w.

**) Eine Vergleichung des Rigveda mit dem Sâmavada, welcher von einer anderen Textrecension ausgegangen ist, bietet mehrere Beispiele hiefür dar, z. B. ditsu Rv. 5, 39, 3 und dikshu Sv. 2, 524; ihâbhavas Rv. 3, 9, 2 und ihâbhuvas Sv. 1, 53; paraç ca nu Rv. 1, 3, 5 u. paraç ca no Sv. 1, 166 u. s. w.

***) Kalpa ist s. v. a. Regel, Herkommen, Bestimmung, Sitte u. Brauch, Gesetz.

handlung und ihren Zweck zu kennen, das Heilige, welches in
ihr lag, zu begreifen. Die Untersuchungen hierüber und die
Darstellungen davon wurden in den Arbeiten gesammelt, welche
Brâhmaṇa hiessen, denn sie bezogen sich auf das Brahman, das
heilige Wort und die heilige Handlung*), und daran schlossen
sich Erklärungen von Versen, welche bei gewissen Gelegen-
heiten gebraucht werden mussten, Erzählungen und Sagen über
die Ursache und Anleitung zu gewissen Gebräuchen, nebst anderem,
was man für geeignet hielt, den Zweck der Opferhandlung klar
zu machen. Diese beiden Seiten der Thätigkeit eines Priester-
lehrers waren gewiss von Anfang an vereinigt. Denn so lange
der feierliche Opferdienst noch nicht in allen seinen Einzelheiten
eine feste Einrichtung bekommen hatte, sondern noch in vielen
Stücken dem Priester ein freier Spielraum gelassen war, aus
welcher Zeit wir einzelne Denkmäler in den Opferliedern des
Rigveda haben **), bedurfte es keiner weitläuftigen Bestimmungen.
Wenn da der Lehrer den Gang der Opferhandlung beschrieb,
sowie sie nach seiner Meinung vorgenommen werden musste, pflegte
er daran die Erklärungen zu knüpfen, welche er für nöthig hielt,
und dasjenige hervorzuheben, auf dessen genaue Beobachtung
es besonders ankam; er that dies in freiem Vortrage in der
allgemeinen Sprache, so wie er selbst und seine Schüler
sie sprachen. Anders musste dies werden, als die Entwickelung der Zeit es mit sich gebracht hatte, dass der ganze
Opferdienst in allen seinen Formen erstarrt war. Da wurde
gefordert, dass jede heilige Handlung einzig und allein in der
Weise ausgeführt werde, welche von den Vätern ererbt und
ursprünglich von den Göttern offenbart war, da man jede Abweichung davon für einen Fehler ansah, welcher einen Einfluss
auf die Wirkungen der Handlung hatte und sogar ihren Nutzen
gänzlich vereiteln konnte. Da konnte der Priester keinen Spielraum mehr haben; er musste genau jede Opferhandlung bis in
ihre kleinsten Einzelheiten kennen; er musste dies um so mehr,

---

*) So R. Roth im Nirukta p. XXV., und richtiger als M. Müller, welcher
(Anc. Lit. p. 172) sagt, sie seien so genannt, weil sie von und für Brahmanen
verfasst seien.
**) z. B. in den beiden Gesängen über das Pferdeopfer (açvamedha)
1, 162. 163.

als die Handlung jetzt einen solchen Umfang gewonnen hatte, dass sie oft das Zusammenwirken von mehreren, ja von vielen Priestern verlangte, und ausserdem meistens in Gegenwart anderer Brahmanen vorging, welche willkommene Gäste waren, durch ihre Anwesenheit die Feierlichkeit der Handlung erhöheten und die Wirkungen derselben durch Entgegennahme der Freigebigkeit des Opfergebers vermehrten. Ehe der Priester vollkommen zu Hause sein konnte in dem ganzen Gange der Opferhandlung, wie verwickelt und beschwerlich sie auch war, musste er sie nothwendig vollständig im Gedächtnisse haben, und das sicherste und leichteste für ihn musste in den Regeln sein, dass er sich gradezu der Worte seines Lehrers genau so, wie sie ihm mitgetheilt waren, erinnerte. Daher musste es die Aufgabe des mündlichen Unterrichtes werden, ihn in den Stand zu setzen, dies zu thun, indem man den Stoff in einer Weise mittheilte, welche diesem Zwecke entsprach. Dies geschah auch und dadurch bekamen beide Arten von Zwecken, welche sich auf den feierlichen Opferdienst beziehen, ihre besondere Form. Die Lehre von der Ausführung der Opferhandlung (Kalpa) wurde in kurzgefassten und bestimmten Regeln gegeben, welche in ihrer Reihenfolge den Gang der Handlung vorschreiben oder beschreiben und welche grade durch ihre Kürze und Bestimmtheit geeignet waren, mit Leichtigkeit dem Gedächtniss eingeprägt und mit Treue behalten zu werden, und von denen jede einzelne zugleich von selbst an die nähere Erklärung und sonstige Erläuterung, welche daran geknüpft war, erinnern musste. Diese Regeln hiessen Sûtra, Fäden, weil sie die Fäden waren, welche den mitgetheilten Stoff von Kenntnissen zusammenbanden, oder der Leitfaden, durch welchen man sich darin zurecht finden konnte. Was durch die andere Art, oder durch die Brâhmaṇa, mitgetheilt wurde, war von eben so grosser Wichtigkeit; auch dies musste von jedem frommen Priester gelernt und behalten werden, ehe er seine Pflichten gebührend erfüllen konnte. Aber hier war es nicht so nothwendig, alles bis auf die kleinsten Einzelheiten im Gedächtnisse zu haben, es war der Geist in dem Stoffe und der Inhalt, welcher ihn durchdringen und erfüllen sollte. Die Form, in welcher dieser mitgetheilt wurde, blieb daher der freie Vortrag, ohne dass der Lehrer sich gebunden zu fühlen brauchte, seinen Stoff genau mit denselben Worten wiederzugeben, in welchen er selbst ihn empfangen hatte. Aber es lag doch in der Natur des mündlichen Unterrichts, wobei es nöthig war, sich alles zu erinnern und wobei man folglich nach einem, bis auf den höchstmöglichen Grad von Stärke ausgebildeten Gedächtniss streben musste, dass der Schüler sich meistens besonders bemühete, und auch im Stande war, den Vortrag des Lehrers zu behalten und getreu wiederzugeben, so wie er selbst ihn gehört und gelernt hatte, und er musste natürlich um so viel mehr Gewicht darauf legen, als die einzige Bürgschaft, welche er für die Richtigkeit seines Wissens hatte, grade das Wort seines Lehrers war, der für ihn die Schule repräsentirte, an welche er sich angeschlossen hatte. Dies wurde noch nothwendiger, als die Anschauung allgemeine Geltung gewonnen hatte, dass auch das Brâhmana ein Theil der göttlichen Offenbarung (Çruti) sei, ebenso wie die alten Lieder (Mantra); aber dies wurde auch dadurch erleichtert, dass die Ordnung des Stoffes durch den Gang der Opferhandlung bestimmt war, welche beide, Brâhmana und Kalpa, mit denselben Worten angaben und beschrieben. Dieselben Fäden (Sûtra), welche die Reihe der Regeln für die Ausführung des Opfers verbanden, knüpften zugleich die Reihenfolge von Betrachtungen über den Grund und die Bedeutung der Handlung im Ganzen und in ihren Einzelheiten zusammen.

In Bezug auf den feierlichen Opferdienst giebt es demnach drei verschiedene Richtungen litterarischer Thätigkeit: man sammelte die heiligen Lieder zum Gebrauch bei den Opferhandlungen, man stellte Betrachtungen über die Bedeutung und die Ursache der letzteren an, und man beschrieb die Weise, in welcher sie ausgeführt werden sollten. Man hat nun geglaubt, dass diese drei Richtungen auch in Rücksicht auf die Zeit verschieden gewesen seien, dass sie drei auf einander folgenden Zeiträumen angehörten, von denen der eine geschlossen war, ehe der andere begann. Dies ist indessen nur richtig, so weit es den Abschluss derselben betrifft, welcher zu verschiedenen Zeiten stattgefunden haben muss; in ihrer Entwickelung dagegen waren sie gleichzeitig. Die alten Lieder wurden gesammelt, weil sie für am besten geeignet zum Gebrauch beim Opferdienste gehalten wurden, als dieser eine bestimmte Form anzunehmen begann. Es war da etwas vorhanden, was dabei beobachtet werden sollte und also etwas, was gelernt werden musste; da war sogleich der

Anfang eines Kalpa; und von dem Augenblicke an, wo man anfing, über Grund, Bedeutung und Zweck der Handlung nachzudenken und seine Gedanken anderen mitzutheilen, begann auch ein Brâhmaṇa sich zu bilden. Als die Entwickelung der Zeit fortschritt und es mit sich brachte, dass auch andere, bisher unbekannte oder nicht gebrauchte Lieder beim Opferdienste in Gebrauch kamen, mussten auch diese gelernt werden und folglich Platz finden in den Textsammlungen, welche in den Schulen, die sich dem neuen Brauche anschlossen, aufbewahrt wurden. Als die Opferhandlung an Umfang zunahm und grössere Festigkeit gewann, wurde für die Lehre über die Ausführung derselben eine entsprechende Erweiterung erforderlich. Diese erlitt dabei Veränderungen, theils dadurch dass neue Gebräuche aufkamen, oder einzelne Gebräuche allgemein wurden und die localen verdrängten, theils dadurch, dass angesehene Lehrer und Priester ihre eigenen Ansichten über das allein richtige geltend zu machen suchten *), oder aus anderen Gründen. Aber jede Veränderung, gross oder klein, welche in dem Gange der Opferhandlung eintrat, führte zugleich entsprechende Veränderungen in den Regeln über die Ausführung derselben mit sich und in den Betrachtungen, welche darüber angestellt wurden, und dabei trat es denn meistens ein, dass, wo das Neue Eingang fand und gelehrt wurde, die Erinnerung an das Alte verschwand. Als der Opferdienst endlich seine feste Einrichtung bekommen hatte, war dabei nur der Opfergebrauch der heiligen Lieder bestimmt; das Sammeln solcher Lieder selbst im Haupt-Veda (Rigveda), welcher nicht darauf beschränkt war, bloss die gebräuchlichen Opferlieder zu umfassen, sondern auch andere aufnahm, konnte daher noch weiter vor sich gehen, und der endliche Abschluss dieses Veda, so wie wir ihn haben, reicht auch nicht weiter zurück, als bis auf Çau-

---

*) Hierüber haben wir einige Erinnerungen, welche zugleich zeigen, mit welcher Kleinlichkeit man zuweilen verfuhr. Das Aitareyi-Brâhmaṇa, welches zum Rigveda gehört, erzählt, dass bei der feierlichen Einweihung oder dem Salbungsopfer (abhisheka) eines Königs die dahin gehörenden Gebete nach der Vorschrift einiger nicht mit den heiligen Wörtern (om, bhûr, bhuvaḥ, svar) begleitet werden, weil sie überflüssig seien, während dagegen andere, und namentlich Satyakâma, der Sohn des Jâbâla, das vollständige Hersagen dieser Wörter forderte (Colebrooke, Essays 1, 37).

naka und Çâkalya*). Aber lange vor deren Zeit waren sowohl Brâhmaṇas wie Kalpas vorhanden und die Ausführung der Opferhandlung verlangte die Theilnahme von drei Hauptpriestern, von denen jeder sein eigenes Brâhmaṇa und seinen Kalpa hatte, welche bei der Beschreibung des Ganges der Handlung im Ganzen, besonders diejenigen Handlungen hervorhoben, welche er dabei zu verrichten hatte. Ein Brâhmaṇa war noch ein bloss menschliches Werk, ebenso wie ein Kalpa; Stoff und Inhalt waren gegeben für diesen und zum Theil auch für jenes; aber die Einkleidung und Darstellung konnte Veränderungen und Verbesserungen erleiden. Darum konnte auch die Thätigkeit in beiden Richtungen nach dem Abschluss der Text-Sammlung fortgesetzt werden, und noch Pâṇini (4, 3, 105) erwähnt alte Brâhmaṇas und Kalpas, welche nach den Schulen, die sie vortrugen, benannt wurden, im Gegensatz gegen neuere, deren Urheber bekannt waren und die daher nach diesen benannt wurden; als Beispiele führt er die Brâhmaṇas von Yâjnavalkya und einen Kalpa von Açmaratha an. Als die alten Götter anfingen neuen Platz zu machen und diese natürlich ihre eigene Verehrung verlangten, während die Heiligkeit der Vedalieder in dem allgemeinen Urtheile nicht verringert wurde, darf man wohl annehmen, dass auch hier die gläubigen Brahmanen sich mit grösserem Eifer für ihre alte Lehre an einander geschlossen haben und dass dies wesentlich dazu beigetragen hat, dass jetzt auch den vorhandenen Brâhmaṇas dieselbe Heiligkeit beigelegt wurde, welche die Veda-Lieder seit uralter Zeit genossen, so dass sie als ein Theil der göttlichen Offenbarung angesehen wurden. Mit diesem Glauben musste die Brâhmaṇa-Thätigkeit abschliessen; denn jetzt konnte kein neues Werk dieser Art entstehen, da nur diejenigen Gültigkeit haben konnten, von denen man mit Sicherheit wusste, dass sie alt und von den Vätern ererbt waren. Noch lange nachdem der Glaube geschwunden war, wurden die Formen des Glaubens bewahrt und beobachtet. Daher wurde die Kalpa-Thätigkeit fortgesetzt; dem Stoffe konnte man eine andere Darstellung geben **),

---

*) Wie ich später erwähnen werde, nehme ich an, dass man Çaunaka ungefähr um die Mitte des fünften und Çâkalya ungefähr um die Mitte des sechsten Jahrhunderts v. Chr. G. setzen kann.

**) Wie es z. B. âçvalâyana thut, der sich auf Açmaratha beruft, welcher

neuere mehr ansprechende und zeitgemässe Werke konnten die
älteren ablösen und verdrängen, bis auch diese Thätigkeit mit der
veränderten Entwickelung der Zeit ganz aufhören musste, wobei
der späte Abschluss verhinderte, dass Werken dieser Richtung
ein göttlicher Ursprung zugeschrieben wurde. Während noch die
Bewegung in allen drei Richtungen vor sich ging und jede Schule
ihr Brâhmaṇa und ihren Kalpa hatte, welche einander begleiteten
wie zwei Seiten der Thätigkeit desselben Lehrers und welche
sich genau an die Textrecension (Çâkhâ) der Schule anschlossen,
die alles enthalten musste, was die Grundlage für den Vortrag
des Lehrers in beiden Richtungen bildete, traf es sich doch, theils
dass einzelne Schulen vorzügliches Gewicht auf eine einzelne
Richtung legten oder in einer gewissen Richtung für höher stehend
als andere galten, theils dass neue Schulen sich von den älteren
aussonderten durch eine eingetretene Veränderung in einer einzelnen Richtung, mochte diese nun in einer neuen Durchsicht des
Textes begründet sein oder in einer abweichenden Auffassung
des Brâhmaṇa oder in Vorschriften des Kalpa. Wo dies geschah,
da bekam die Schule ein charakteristisches Gepräge, welches zugleich bewirkte, dass ihr Name sich vorzugsweise oder ausschliesslich an diese eine Richtung knüpfte*) und dass ihre Arbeiten in derselben vornehmlich aufbewahrt wurden**). Als die
Thätigkeit abgeschlossen wurde, zuerst mit Rücksicht auf die
Textrecension und darauf mit Rücksicht auf das Brâhmaṇa, musste
jede neue Schule, welche später aufstand, das abgeschlossene
unverändert bewahren und der Name ihres Stifters konnte sich

---

zu Pâṇinis Zeit unter die neueren Lehrer des Kalpa gerechnet wurde (Ind.
Stud. 1, 45).

*) Pâṇini und sein Comentator nennen als alte Schulen z. B. für die
Textrecension: Çaunakin, Vâjasaneyin, Kaṭhu, Caraka; für die Brâhmaṇas:
Bhâllavin, Çâṭyâyanin, Tâṇḍin; für die Kalpas: Kâçyapin, Kauçikin, Pain-
gin u. s. w. (4, 2, 66. 3, 102—109).

**) Vom Rigveda haben wir so nur eine Textrecension, welche von
Çaunaka, der aus der Çâkala-Schule hervorgegangen, unternommen war. Von
den Brâhmaṇas mit den dazu gehörigen âraṇyakas haben wir zwei, die von
anderen Schulen, Aitareyi und Kaushitaki, ausgingen, deren entsprechende
Textrecensionen verschwunden sind, und an diese schliessen sich die beiden
Kalpas, welche dem âçvalâyana und Çânkhâyana zugeschrieben werden. Der
erste von diesen hat noch den Aitareyi-Text vor sich gehabt (Müller, Anc.
Lit. p. 459).

nur an die Richtung knüpfen, in welcher etwas Neues hervorgebracht war; aber es geschah doch auch, dass der Name der neuen Schule auf andere Werke übertragen wurde, die in die abgeschlossene Richtung aufgenommen waren *). Alle Zeichen deuten darauf hin, dass in allen Richtungen eine besonders grosse Thätigkeit geherrscht hat und dass das, was wir noch übrig haben, obgleich es nicht unbedeutend ist, doch nur ein kleiner Theil von dem ist, was vorhanden gewesen. Dies stammt zwar zunächst aus der Zeit, als jede Richtung in den verschiedenen Schulen abgeschlossen wurde, aber es wird darin doch im Ganzen auch der von den früheren Zeiten gesammelte, bearbeitete und überlieferte Stoff mitgetheilt, ohne dass es jetzt möglich ist, den Antheil auszuscheiden, welchen jede einzelne Zeit daran gehabt, oder den Beitrag, welchen sie geliefert hat.

An die Brâhmaṇas schlossen sich zwei Reihen verwandter Arbeiten, unter dem Namen âraṇyaka und Upanishad. Ihre Form war dieselbe, welche die Brâhmaṇas hatten, der freie Vortrag, welcher zuweilen in metrischer Gestalt auftritt, und ihr Inhalt bezog sich vornehmlich auf die Untersuchung des Verhältnisses des Menschen zur höchsten Gottheit oder der göttlichen Macht und des Wesens derselben. Das âraṇyaka, abgeleitet von araṇyu, der Wald, die Wald-Einöde, war eigentlich bestimmt für den Brahmanen in seiner dritten Lebensperiode, wenn er nach Erfüllung seiner Pflichten als Hausvater der Welt entsagte und den Sinn bloss auf das Zukünftige richtete. Die Upanishad, abgeleitet von upa-ni-sad, sich neben Jemand setzen, war zunächst die vertrauliche Mittheilung des Lehrers an den Schüler über dasjenige, welches zu wissen für den Menschen von höchster Wichtigkeit war. Zuweilen wird zwar einem oder dem anderen âraṇyaka ein menschlicher Ursprung zugeschrieben **), aber

---

*) So werden die beiden genannten Brâhmaṇas auch nach den Verfassern der Kalpas, âçvalâyana und Çânkhâyana, benannt. Ebenso wird das Taittirîya-brâhmaṇa auch nach âpastamba, dem Verf. eines Kalpa für Adhvaryu-Priester, benannt (Müller, Anc. Lit. p. 195). So findet sich auch: âçvalâyana-çâkhâ-ukta-mantra-saṃhitâ (ebend. p. 474).

**) Nach Shad-guru-çishya soll âçvalâyana der Verfasser des vierten Abschnittes des Aitareyi-âraṇyaka sein (Müller, Anc. Lit. p. 235. 238), und es scheint als sei auch Çaunaka als der Verfasser eines anderen Stückes desselben âraṇyaka angesehen worden (Colebrooke, Essays 1, 46).

beide Arten wurden doch zuletzt allgemein als Theile der ganzen göttlichen Offenbarung betrachtet und namentlich von den Upanishads nahm man an, dass sie den geheimsten und zugleich den wichtigsten Theil der Vedalehre oder der Brahmanischen Glaubenslehre enthielten *). Diese wurden daher nicht bloss die Grundlage für die orthodoxen philosophischen Schulen, sondern alle im Laufe der Jahrhunderte aufstehenden Religionssecten, welche für rechtgläubige angesehen werden wollten, suchten und fanden in ihnen für ihre Lehre die nothwendige Uebereinstimmung mit den Vedas, und wo alte Upanishads für diesen Zweck fehlten, da half man sich dadurch, dass man sie umarbeitete oder unter dem Schutze von Namen älterer und berühmter Lehrer neue verfasste. So giebt es denn eine nicht kleine Reihe solcher Arbeiten aus sehr verschiedenen Zeiten und von sehr verschiedenem Werthe, welche aber doch dazu dienen, das Bild der Brahmanischen Religionsentwickelung in den abweichendsten Richtungen zu vervollständigen.

Die Form, in welcher man den Unterricht über die Vedischen (çrauta) Opferhandlungen ertheilte, wurde auch zur Mittheilung aller derjenigen Gebräuche benutzt, welche, ohne sich grade auf göttliche Offenbarung zu stützen, sich auf das Herkommen und die Erinnerung der Väter gründeten (weshalb sie smârta hiessen), ererbt zur unausgesetzten Beobachtung im täglichen Leben, im Hause wie ausserhalb desselben. Es sind mehrere Sammlungen von Regeln für die Beobachtungen solcher Gebräuche (Grihya-Sûtra, Sâmayâcârika-Sûtra) übrig; sie gehen eigentlich nur den Brahmanen an, was ganz natürlich ist, und sie zeigen uns, wie das ganze Leben eines frommen Brahmanen eingerichtet sein musste, welche Gebräuche er zu beobachten hatte und wie dies geschehen musste, von seiner Empfängniss und Geburt bis zu seinem Tode und seiner Bestattung. Aber die anderen Kasten hatten auch ihre ererbten Herkommen, wovon ein Theil in Manu's Gesetzbuch

---

*) Der Commentar zu Manu 4, 123 sagt, dass das âranyaka ein Theil der Vedas sei (vedaikadeça). Manu 2, 140 spricht von veda sa-rahasya, wozu der Commentar bemerkt, dass rahasya (Geheimniss) dasselbe sei, wie Upanishad und dass diese, obgleich sie einen Theil eines Veda ausmachen, doch besonders genannt werden, um ihre grosse Wichtigkeit hervorzuheben. Zu Manu 6, 96 wird Veda durch Upanishad erklärt.

und ähnliche Sammlungen aufgenommen ist, namentlich soweit
es den Brahmanen berührte; und da die Geschäfte des ganzen
bürgerlichen Lebens unter verschiedene Kasten vertheilt waren,
deren jede ihre bestimmten Verpflichtungen hatte, so ist es sehr
wahrscheinlich, dass diese ihre besonderen Sammlungen von Regeln
oder Leitfäden hatten, zur Erklärung ihrer täglichen Beschäftigungen und der Weise, in welcher dieselben vollführt werden
mussten, und dass sie zugleich auch Lehrer hatten, welche die
nothwendige Anweisung dazu gaben. Wenigstens erwähnt Pânini solche Leitfäden für Bettelmönche und Gaukler *).

Dieselbe Mittheilungsweise, die Sûtra-Form, wurde auch bei
dem übrigen Stoffe des Wissens angewandt, welcher gelernt und
sorgfältig im Gedächtnisse bewahrt werden musste. In den älteren Zeiten war dies der Fall bei der beginnenden Entwickelung
der philosophischen Systeme und bei der Behandlung des sprachlichen Faches. Bei diesem, wo der Sprachstoff so reich und so
wechselnd war, wurde man zur Annahme gewisser algebraischer
Bezeichnungen geführt, welche meistens nur in einem Buchstaben
oder einer Silbe bestanden, um eine grammatikalische Wirkung,
ein Verhältniss, oder eine Reihe von Wörtern und Formen anzudeuten. Die Hauptsache war immer die grösstmögliche Kürze;
es galt, so viel zusammenzufassen, als sich vereinigen liess, und
das mit so wenigen Worten oder Silben als möglich auszudrücken,
ohne Rücksicht darauf, ob die Regel, wenn sie getrennt für sich
genommen wurde, an Deutlichkeit verlor; denn diese Regeln
waren nicht dazu bestimmt, alles zu lehren, sie waren auch hier,
und hier noch mehr als anderswo, nur die Fäden, welche den
ganzen Stoff des Wissens zusammenknüpfen und ihn im Gedächtnisse befestigen sollten **). Sie mussten deshalb durchaus stets

---

*) 4, 3, 110—111. Sûtras für Bettler (bhikshu) von Pûrâçarya und Karmanda; für Gaukler von Çilâlin nud Kriçâçva; die Anhänger derselben hiessen
damals Pârâçarin und Karmandin, Çailâlin und Kriçâçvin.

**) z. B. die Hinzufügung eines Buchstaben, einer Silbe vor der Grundform wird durch *t* bezeichnet, hinter derselben durch k, in derselben nach
dem letzten Vokale durch m (1, 1, 46. 47); z. B. die Bildung des Genetivs
devânâm geschieht durch nu*t* (d. h. Hinzufügung eines n vor der ursprünglichen Endung âm, 7, 1, 54); die Bildung von antarvatnî aus antarvat
durch nuk (4, 1, 32) und die Bildung der Wurzelform vind aus der Wurzel
vid durch num (7, 1, 59). Ghu bezeichnet die Wurzeln dhâ und dâ mit
zwei bestimmten Ausnahmen (1, 1, 20), u. s. w.

von der nöthigen Auslegung begleitet worden, welche, indem sie das gegenseitige Verhältniss der Regeln, ihre innere Bedeutung und Anwendung in den einzelnen Fällen darlegte und sie durch die nöthigen Beispiele klar machte, den ganzen Stoff des Wissens enthielt, welcher gewusst und gelernt werden musste. Da ein Verfasser eines neuen Systemes keinen anderen Weg der Mittheilung hatte, als den mündlichen Unterricht und den mündlichen Vortrag, kein anderes Mittel, dasselbe für die Zukunft aufzubewahren, als durch das Gedächtniss seiner Schüler, so war es gradezu eine Nothwendigkeit, dass die erste erforderliche Auslegung von ihm selbst ausging und zugleich mit den Regeln des Systemes von seinen Schülern gelernt wurde; und obgleich die Erklärung, welche stets erfordert wurde, zu verschiedenen Zeiten und an verschiedenen Orten einer grösseren oder geringeren Ausführlichkeit bedurft haben und auf abwechselnde Weise gegeben worden sein kann, so ist es doch andererseits sehr wahrscheinlich, dass es in solchem Falle grade des ersten Lehrers oder Verfassers eigene Deutung und Vortrag war, der in der Hauptsache durch die Reihe der Schüler hindurch bis auf die schriftlichen Werke des ältesten Commentators herab gelangte, und dies giebt diesen eine weit grössere Bedeutung, als sie sonst in Anspruch nehmen könnten. In einem Falle musste die Deutung nothwendig die Hauptsache werden, nämlich bei den lexikalischen Sammlungen von Wörtern der Vedasprache, und dies namentlich bei dem Theile derselben, welcher solche Wörter umfasst, die, um richtig verstanden zu werden, einer ausführlicheren Erklärung mit Rücksicht auf ihre Ableitung, Bedeutung und ihr Vorkommen bedürfen, und hier musste man daher von der gewöhnlichen Sûtraform gänzlich abweichen. Ein solches Werk ist das von Yâska verfasste Nirukta, welches selbst ältere Vorgänger nennt, die mit einem allgemeinen Namen Nairukta genannt werden.

Diese Regeln (sûtra) sind meistens in Prosa abgefasst, und dies ist gewiss ursprünglich bei allen der Fall gewesen, was ja auch da das natürlichste ist, wo, wie hier, die grösstmögliche Kürze und Gedrungenheit die Hauptsache war. Später fing man indessen an, sie in Verse zu bringen, offenbar um es dadurch dem Gedächtnisse leichter zu machen, sie zu behalten, da der gebundene Stil jeder Auslassung oder Hinzufügung vorbeugt. Solche Versificationen bekamen den Namen Kârikâ, welchen man passend durch „Erinnerungsverse" wiedergegeben hat. So hat Kâtyâyana zu Pânini's grammatischen Regeln eine Menge von Bemerkungen in der gewöhnlichen Sûtra-Form gemacht; diese oder ein Theil derselben, wurden versificirt von Bhartṛihari und sind in beiden Formen von dem grossen Commentator Pânini's, Patanjali, aufbewahrt. Zuweilen haben die Kârikâs entweder grösseres Ansehen gewonnen als das ursprüngliche Werk; denn so haben die Regeln, in welchen Kapila die Sânkhya-Philosophie darstellte, in den Schatten treten müssen gegen die von Içvarakrishṇa versificirte Sânkhyakârikâ; oder sie haben das ursprüngliche ganz verschwinden lassen, was nach meiner Meinung der Fall ist mit Çaunaka's Prâtiçâkhya-Sûtra, deren metrische Form kaum von diesem Lehrer herrührt, sondern der späteren Bewegung zuzuschreiben ist und auf den ersten Versuch in dieser Richtung zurückgeführt werden muss, namentlich auf Grund des willkürlichen Wechsels der verschiedenen Versmaasse, welche angewandt werden, und der Freiheit, mit welcher dieselben behandelt werden. Anderen Werken dieser Art wurde dagegen eine gleichförmige Gestalt gegeben und namentlich benutzte man zu diesem Zwecke das leichte epische Versmaass mit Zeilen von 16 Silben, so wie wir es in Manu's Gesetzbuch angewandt finden, dessen Stoff, welcher unzweifelhaft dem Schlusse der zweiten Hauptperiode angehört, viel älter ist als die metrische Form, in welcher er auftritt. Diese Form wurde später die allgemeine für alle populären Bearbeitungen älterer Werke oder für neue Producte.

Es ist, wie oben berührt, eine unvermeidliche Folge der mündlichen Ueberlieferung, theils, dass innerhalb derselben Schule oder durch jede Reihe von Lehrern hindurch die älteren Vorträge oder Werke verändert werden oder verschwinden mussten, nachdem neuere aufgekommen waren; theils auch dass es nur die späteren Werke sein konnten, welche bis auf die Zeit der schriftlichen Aufzeichnung herab gelangen und dadurch in sicherer Weise, als durch das Gedächtniss von Lehrern und Schülern, der Zukunft aufbewahrt werden konnten. Die Grundlage dieser Werke bildet indessen der von den Reihen der Geschlechter aufgesammelte Stoff, von welchem sie die letzte Darstellung gegeben, und sie haben mitunter zugleich die Namen älterer Lehrer bewahrt und das Andenken an deren übereinstimmende oder abweichende Meinungen. Diese müssen eine gewisse Bedeutung für diejenige Zeit gehabt haben, welche es für nöthig hielt, sie anzuführen; aber die Angabe derselben kann in der Regel nicht gegründet gewesen sein auf selbständige Beobachtungen derselben Zeit, welche uns das Andenken an sie überliefert hat*). Was dergestalt über andere angeführt wird, hat meistens einen Theil des gesammelten Kenntnissstoffes ausgemacht, so dass es eine allgemein bekannte Thatsache geworden war, die von Geschlecht zu Geschlecht in einer einzelnen Schule oder in mehreren gleichzeitigen überliefert wurde, dass dieser oder jener Lehrer einer gewissen Anschauung gehuldigt, eine gewisse Beobachtung gemacht habe, der Urheber eines gewissen vielleicht allgemeinen Gebrauches gewesen sei u.s.w. Die Namen, welche so angeführt werden, können nicht unbedeutenden Personen ohne Ansehen und Einfluss angehört haben; denn deren Worte hatten kein Gewicht bei der Mitwelt und gelangten nicht auf die Nachwelt. Die Namen müssen im Gegentheil grade Männern von grossem Ansehen angehört haben, deren Worte ein solches Gewicht in ihrem eigenen Lehrkreise und bei ihren Zeitgenossen hatten, dass sie für die folgenden Geschlechter eine hinlängliche Bürgschaft der Wahrheit sein konnten, wo ein Zweifel vorhanden war oder sein konnte**). Ausserdem ist es natürlich, dass ihre Namen nur an die einzelnen Thatsachen geknüpft blieben, für deren Wahrheit sie als Bürgschaft dienen sollten, während im Uebrigen das Andenken an ihr Leben, Lehre und Wirken in der allgemeinen Gleichgültigkeit gegen die Bedeutung des individuellen Lebens verschwand, ohne eine Spur in der gemeinschaftlichen Wissensmasse zurückzulassen. Die

---

*) So muss die Zeit, aus welcher Manu's Gesetzbuch stammt, darüber einig gewesen sein, dass die Verbindung eines Brahmanen mit einem Çûdra-Mädchen eine Sünde sei, aber dabei uneinig darüber, unter welchen Umständen diese Sünde unsühnbar wurde, indem man sich auf die Anschauungen verschiedener Lehrer stützte, da Atri und der Sohn des Utathya (Ucathya, Gautama) behauptet haben, dass sie es sogleich bei der Eingehung einer solchen Verbindung werde, während dies nach Çaunaka's Meinung bei der Geburt eines Sohnes eintrat, oder nach Bhrigu erst bei einem Enkel. Der Verfasser von Manu's Gesetzbuch schliesst sich an Çaunaka an und fügt hinzu, dass unter solchen Umständen in diesem Leben keine Sühne des begangenen Verbrechens möglich ist (Mn. 3, 16—19).

**) Die meisten Nennungen von Lehrern geschehen desshalb, wieed Commentatoren häufig sagen: âdarârtham, pûjârtham, aus rücksichtsvoller Ehrerbietigkeit gegen sie.

Männer, welche in dieser Weise genannt werden, müssen im Allgemeinen ältere gewesen sein, einige können sogar bedeutend älter gewesen sein als die Zeit, aus welcher das Andenken an sie bis auf uns gekommen ist. Da zuweilen widerstreitende Meinungen verschiedener Lehrer in solcher Weise angeführt werden, dass die Priorität des einen vor dem anderen daraus hervorgeht, so wird es möglich, eine und die andere Reihenfolge von Lehrern aufzustellen, die nach einander gelebt und gewirkt haben. Dies ist indessen mit nicht geringen Schwierigkeiten verbunden; es ist nämlich meistens so gut wie unmöglich, sich über die Richtigkeit der Angaben in Rücksicht auf Inhalt und Namen zu vergewissern; und selbst in den einzelnen Fällen, wo wir noch Werke haben, die den Namen desselben Lehrers führen und gewiss auch als von diesem herrührend angesehen werden dürfen, können wir aus ihnen keine entscheidenden Beweise für oder gegen die Richtigkeit der Angabe hernehmen. Solche Werke sind nämlich, wie früher bemerkt, wenn auch eine hervorragende, so doch nur eine einzelne Seite der ganzen Lehrthätigkeit des Betreffenden, und sie sind jedenfalls durch das Gedächtniss und die Tradition vieler Geschlechtsmitglieder hindurchgegangen, ehe sie bis auf uns herabgekommen sind. Wir können daher nicht hoffen, in dem was erhalten ist, alles zu finden, was dieser Lehrer vorgetragen oder was die Tradition ihm beigelegt hat, so dass es nichts Auffallendes oder überhaupt kein Beweis gegen die Richtigkeit der Angabe ist, wenn sie sich nicht in dem erhaltenen Werke findet*). Dazu kommt, was auch nicht auffallend ist, dass zwei Werke zuweilen

---

*) Hiefür will ich nur ein Beispiel anführen, welches zugleich eine andere Schwierigkeit bezeichnet. Im Rigveda finden sich einige wenige halbe Verszeilen, welche alle bis auf eine Ausnahme in der Mitte oder am Schlusse von Hymnen nach vollständigen Versen vorkommen. Ueber diese bemerkt Çaunaka (Prâtiç. 17, 28. 26. Journ. Asiat. 12, 332), dass einige sie für selbständige Verse angesehen haben und dass dies namentlich von fünf bestimmten angenommen wird, obgleich auch jeder von diesen mit dem vorhergehenden Verse verbunden werden könne (als adhyâsa), dass aber Yâska nur die eine halbe Versaeile als selbständigen Vers anerkannt habe, welche sich zu Anfang von Rigv. 10, 20 findet. Eine solche Bemerkung findet sich nicht in unserem Texte von Yâska's Nirukta. Çaunaka's Worte lauten inzwischen: iti vai yâskaḥ und R. Roth, welcher den Vers in seiner Ausgabe des Nirukta 1852 (Einl. XI) anführt, hat geglaubt, dass damit nicht Yâska sondern Vaiyâska

gegenseitig die Namen ihrer Verfasser aufführen, oder dass ein jüngerer Lehrer zuweilen als Auctorität in einem Werke genannt wird, welches von einem älteren ausgegangen ist*). Auch dies ist eine directe Folge des Wesens der mündlichen Ueberlieferung; denn wie genau auch ein Schüler sich den Vortrag eines Lehrers eingeprägt haben mochte, und wie sorgfältig er auch bemühet gewesen, denselben unverändert zu bewahren, so konnte es doch nicht gänzlich vermieden werden, dass er (oder sein Schüler nach ihm) anderswoher Vorstellungen und Beobachtungen nahm, welche unwillkürlich Ausdruck fanden, wenn er den Vortrag des Lehrers wiedergab. Für diese Fälle ist es nicht nothwendig anzunehmen, dass sie auf einem Missverständnisse beruhen oder von einem Gedächtnissfehler herkommen; obgleich so etwas wohl zuweilen stattgefunden haben mag, wie es stattgefunden haben muss, wenn man Angaben findet, welche gradezu gegen das sonst überlieferte streiten; obschon wir dabei ausser Stande sein können, zu entscheiden, ob der Fehler von demjenigen begangen sei, von welchem die einzelne Angabe herrührt, oder eher von dem, welcher den ursprünglichen Vortrag vollständiger und in grösserem Umfange wiedergegeben und überliefert hat**). Für die Beurtheilung dieser Angaben kann es keine allgemeine Regeln geben; selbst bei solchen, die sich in demselben Werke finden, muss dies für jede einzelne für sich geschehen, unabhängig von der anderen, und die Beurtheilung wird dadurch noch mehr erschwert, dass

---

gemeint sei, welcher sonst nirgends erwähnt gefunden ist. Dagegen giebt Ch. Regnier, der Herausgeber des ganzen Prâtiçâkhya (Journ. Asiat. 1859), den Namen als Yâska (vai ist eine Nachdrucks-partikel), ohne Roth's Erklärung zu erwähnen und ohne den Commentar zu diesem Verse mitzutheilen (Journ. As. 12, 359).

*) So soll âçvalâyana, welcher aus Çaunaka's Schule hervorgegangen ist, in der Brihaddevatâ genannt sein, welche dem Çaunaka zugeschrieben wird (nach A. Kuhn in Ind. Stud. 1, 104); aber nach dem, was da aus diesem Werke angeführt ist, muss die Form desselben aus einer viel jüngeren Zeit stammen, wo die populäre Darstellungsweise allgemein war oder zu werden begann.

**) Nach dem, was M. Müller in den Var. Lect. zum dritten Bande des Rigveda, p. XXII, aus Shadguruçishya's Commentar angeführt, hat Parâçara gesagt, dass Yâska das Wort çunâsîra (im Sing.) durch Indra erkläre, während Çâkapûni es durch Sonne und Indra wiedergebe. Aber im Nirukta (9, 40) steht das Wort im Dualis çunâsîrau in einem Verse Rv. 4, 57, 5 und wird dort durch Wind und Sonne gedeutet.

so weniges von dem, was wir wirklich noch übrig haben, bis jetzt vollständig veröffentlicht worden ist. Die Andeutungen, welche jene Angaben darbieten über das Zeitverhältniss der genannten Männer, welche an verschiedenen Stellen angeführt werden, sind freilich sehr schwach und unbestimmt; aber wir haben doch nichts anderes als dieses in Verbindung mit dem Gange der Entwickelung in seinen Hauptzügen, worauf wir uns stützen könnten, wenn wir uns eine Vorstellung machen wollen von der Ausdehnung der Zeiträume, in denen die Entwickelung vor sich gegangen. Der älteste Zeitpunkt in der älteren Geschichte Indiens, der sich mit Sicherheit bestimmen lässt, ist Candragupta's und Açoka's Zeitalter; aber wir haben nichts, was diese an ihre Brahmanische Mitwelt anknüpft. Dagegen haben wir einen anderen und wenigstens einigermassen sicheren Ausgangspunkt in der Sprache, da wir diese auf drei Entwickelungsstufen, in drei Sprachaltern kennen: aus dem ältesten haben wir die Sprachformen in den ältesten Vedaliedern; die Sprache des zweiten Zeitalters ist die, welche später den Namen Sanskrit bekam, im Gegensatz gegen die vom Sanskrit abgeleiteten Volkssprachen, welche mit einem gemeinschaftlichen Namen Prâkrit genannt wurden und welche wir in Açoka's Inschriften angewandt finden, der uns die ersten Proben der Sprachform im dritten Zeitalter giebt; und jede dieser drei Sprachformen ist in ihrem Zeitalter die allgemeine Umgangssprache gewesen. Das erste Sprachalter (die Vedasprache) unterscheidet sich von dem zweiten (Sanskrit) durch einen viel grösseren Reichthum von Beugungsformen, der mit der Zeit abnahm und durch einen in mancher Hinsicht eigenthümlichen Wortvorrath, der einem anderen Platz machte in dem zweiten Zeitalter, welches seinerseits dagegen keine Beugungsform hat, die sich nicht zugleich in dem älteren Zeitalter fände. Da indessen die Vedalieder aus verschiedenen Zeiten sind, jedes in der Sprachform seiner Zeit gedichtet, und da die mündliche Ueberlieferung, ungeachtet der Treue, mit welcher man sich bemühete, die heiligen Lieder in ihrer ursprünglichen Form zu bewahren, dennoch ihren Einfluss geübt haben muss auf die Erneuerung der Sprachform, wo sich dieselbe nicht auf den Versbau stützte, namentlich so lange man sich nicht des Unterschiedes bewusst war, so gehen die beiden ersten Zeitalter der Sprache unmerklich in einander über, und wie ausgeprägt auch beide Extreme sind, ist es doch nicht möglich, in ihren Litteraturen eine bestimmte Grenzlinie zu ziehen, oder bei jedem einzelnen Liede mit Sicherheit zu entscheiden, welchem Sprachalter es angehöre. Anders verhält es sich in Rücksicht auf das dritte Sprachalter; dieses unterscheidet sich von dem zweiten namentlich durch den Verlust mehrerer Laute (r, ai, au, ç, sh, h), durch einen ausgedehnteren Gebrauch anderer (ñ, t, d, n, l) und durch eine Abschleifung des Scharfen und Harten, sowohl in den Beugungsendungen, wie in den Wörtern selbst, welche zum Theil in einer Assimilation zusammenstossender Consonanten hervortritt; aber alle Wörter und alle Formen weisen auf das zweite Sprachalter zurück und setzen dasselbe voraus. Der Unterschied zwischen beiden ist deutlich und in die Augen fallend, und das grade deshalb, weil wir die zwischenliegenden Glieder nicht kennen, welche auch hier den Uebergang gemacht und unmerklich die ältere Sprachform in die jüngere umgebildet haben. Nun geht es aus Açoka's Inschriften selbst hervor, dass seine Zeit, oder etwa 250 v. Chr. G., ganz dem dritten Sprachalter angehörte, und dass deren Sprachform in drei oder mehreren Dialekten die allgemeine Umgangssprache über das ganze Arische Indien war. Aelter muss daher die Uebergangszeit sein, aus welcher keine sichere Denkmäler erhalten sind*), und noch älter also die Zeit, wo die allgemeine, natürliche Umgangssprache das Sanskrit war, so wie es in Pânini's Sammlung grammatischer Regeln geschildert ist. Die Entwickelung der Sprache schreitet stetig und unmerklich vorwärts, erstreckt aber nicht ihren Einfluss auf alle Menschen in gleichem Grade, so dass die gebildeten Stände, und hier namentlich der in der Ueberlieferung der Väter unterrichtete Theil der Brahmanen, die Reinheit der Sprache länger bewahrt haben wird, als die ungebildeten. Aber ehe dies überhaupt geschehen konnte, muss man eine Schutzwehr gehabt haben gegen die fortschreitende Entwickelung, welche im Verhältniss zu der älteren Stufe eine Entartung ist; man muss im Besitz von Mitteln gewesen sein, in dem einzelnen Falle zu ent-

---

*) Hierauf kann vielleicht die Sprachform im Râmâyana und Mahâbhârata zurückgeführt werden, welche zuweilen eine beginnende Gleichgültigkeit oder Nachlässigkeit im Gebrauch gewisser Beugungsformen zeigt; sie muss aber jedenfalls auf den ersten Anfang der Uebergangszeit zurückgeführt werden.

scheiden, welches die ältere und daher richtigere Spruchform sei, und welches nicht. Die Sprache muss so zu sagen auf einem gewissen Punkte ihrer Entwickelung festgehalten und zum Gegenstande grammatischer Behandlung gemacht worden sein, ehe sie über diesen Punkt hinausgeschritten war, um so viel mehr, als man gar keine schriftliche Litteratur hatte, in welcher man bis auf einen gewissen Grad eine Erklärung des Spruchgebrauches der Väter suchen konnte, und als man allein darauf hingewiesen war, seinen Stoff aus dem Munde des Sprechenden zu entnehmen. Dies zeigt sich auch an dem Sprachstoffe, der sich bei Pâṇini findet; denn dieser geht so in die feinsten Nüancen der Sprache und enthält so specielle Angaben über Einzelheiten*), dass er offenbar auch in einer Zeit gesammelt sein muss, wo diese Sprache noch gesprochen wurde, nicht von einem einzelnen Stande von geringem Umfange, sondern allgemein wenigstens von der grösseren Mehrheit und wo die fortschreitende Entwickelung oder Entartung noch nicht über sehr enge Grenzen hinausgegangen sein musste. Pâṇini ist nicht der älteste Indische Grammatiker; er selbst nennt mehrere Vorgänger und grammatische Schulen. Die sprachlichen Untersuchungen waren nämlich ausgegangen von der Auslegung der Vedalieder; man merkte sich die diesen eigenthümlichen Wörter und Beugungsformen, welche von der gewöhnlichen Sprache abwichen, die in ihrer damaligen Gestalt auch nicht anders als bhâshâ, „Sprache," „Umgangssprache," genannt wurde, oder laukika, „der Welt (loka) angehörig," und diesen beiden Worten wird da entgegengesetzt: chandas, adhyâya oder die anderen Ausdrücke, welche von den Vedaliedern gebraucht werden**). Von da ging man über zur Behandlung

---

*) z. B. dass der Vokal in der Fragepartikel nu gedehnt wird (pluta ist) an der ersten Stelle, wo ein Zweifel ausgedrückt werden soll, so dass man sagt: ahir nû rajjur nu ob das wohl eine Schlange ist oder ein Strick? 8, 2, 98; dass man in der gewöhnlichen Sprache catúrbhis und caturbhís betont, aber in den Vedas nur catúrbhis, 6, 1, 180; dass man in höhnischer Rede sagen kann: na tvâm triṇâya manye, und: na tvâm trinam manye, dagegen bei der anderen Beugungsweise derselben Wurzel nur: na tvâm trinam manve, 2, 3, 17. u. s. w.

**) In Yâska's Nirukta wird so dem Ausdrucke bhâshâyâm entgegengesetzt: anv-adhyâyam, 1, 4. 5; Wörter und Wurzeln, die in der Umgangssprache vorkommen, heissen bhâshika, 2, 2; laukika, 1, 16; „in der Umgangssprache vorkommen" wird ausgedrückt durch die Wurzel bhâsh, 2, 2.

der Sprache in ihrer Totalität und suchte sich Rechenschaft zu geben von der ganzen vorhandenen Verschiedenheit und dem gegenseitigen Verhältniss zwischen beiden Sprachformen, welche, wie man sah, in ihrem Wesen identisch waren*) und nur verschiedenen Zeitaltern, der Vergangenheit und der Gegenwart angehörten. Pâṇini behandelt daher auch die Sprachformen beider Zeitalter zugleich; seine Regeln beziehen sich auf beide, wenn sie nicht ausdrücklich auf eines derselben beschränkt werden, was am häufigsten für den Gebrauch der Vedasprache geschieht, da diese einen grösseren Reichthum von Beugungsformen besitzt, als die gewöhnliche Sprache. Seltener bildet diese letztere eine Ausnahme von einer allgemeinen Regel, aber wo dies ausdrücklich erwähnt ist, wird sie ebenfalls bloss bhâshâ, Umgangssprache, genannt**). Es zeigt sich auch kein Streben, diese Umgangssprache auf ältere Formen zurückzuschrauben, selbst wo dies leicht geschehen konnte***); im Gegentheil, man nahm sie, wie man sie vorfand, und da die Entwickelung, deren Wirkungen so deutlich im folgenden Sprachalter auftreten, schon begonnen hatte sich zu äussern, wurden die dadurch hervorgebrachten Formen, deren Uebergang man sah, als gleichberechtigt mit den älteren anerkannt oder sogar als die allein richtigen vorgezogen†).

Ueber Pâṇini selbst wissen wir sehr wenig. Sein Geschlecht soll heimisch gewesen sein in einem kleinen Dorfe Çalâtura, in der Nähe von Purushapura (Peshavar) im Lande Gandhâra, und er hiess daher Çalâturiya††), und die Sage hierüber hörte auch der Chinesische Pilgrim Hjun-thsang, als er (um 630 n. Chr. G.)

---

*) Darum behauptet Yâska gegen Kautsa die Bedeutsamkeit der Vedalieder, çabdu-sâmâuyât, 1, 16.
**) bhâshâyâm bei Pâṇ. 3, 2, 108; 4, 1, 62; 6, 1, 180; 3, 20; 7, 2, 88; 8, 2, 98. Der Commentar erklärt es durch loke „in der Welt".
***) z. B. wenn die Vedasprache im Dualis der persönlichen Pronomen den Nom. vom Accus. unterscheidet: âvam, âvâm, yuvam, yuvâm, während die Umgangssprache nur eine Form für beide kennt: âvâm, yuvâm, Pâṇ. 7, 2, 87. 88.
†) z. B. der beginnende Uebergang des r in l und das daher rührende Schwanken im Gebrauche, Pâṇ. 3, 2, 18—22 (Man konnte sagen: nigîruti und nigîluti, parigha und paligha; aber nur nigîryate, jegilyate; so auch nur palây, obgleich es von parâ-ay herkommt).
††) Die Ableitung des Wortes bei Pâṇ. 4, 3, 94.

diesen Ort besuchte. Er führt ausserdem den Namen Dâkshiputra oder Dâksheya, nach seiner Mutter, wie es heisst*). Auch von seinem Wohnorte weiss man nichts; man hat einerseits die Vermuthung aufgestellt, dass es Pâtaliputra im Ostlande gewesen sei**), andererseits, dass er sich vorzüglich im Nordlande aufgehalten habe***). Er hat zwei Klassen von Grammatikern benutzt, welche er, ohne einzelne von ihnen zu nennen, unter dem gemeinsamen Namen: die nördlichen und die östlichen, anführt, von denen die letzteren eine eigenthümliche und von der seinigen etwas abweichende Terminologie hatten†); ausserdem hat er mehrere andere Grammatiker benutzt, welche er mit Namen anführt. Sie werden alle als Gewährsmänner für diejenigen Regeln angeführt, an welche sie geknüpft werden und welche gewöhnlich sehr feine Nuancen der Sprache betreffen, sowohl wenn ihre Bestimmungen als allgemein gültig betrachtet werden††), als wenn sie als gleichberechtigte anderen gegenüber aufgestellt werden, ohne dass Pâṇini sich darauf einlässt, zwischen ihnen zu entscheiden†††). Es geht daraus hervor, dass Pâṇini's

---

*) Böhtlingk's Ausgabe Th. 2., Einl. S. 8 u. f.
**) Lassen, Ind. Alterth. 2, 476, weil er den höchsten Werth auf die östlichen Grammatiker gelegt zu haben scheint.
***) A. Weber, Ind. Stud. 4, 89, auf Grund der speciellen topographischen Angaben in seinem Werke, z. B. über die Benennung von Brunnen nördlich vom Flusse Vipâç (4, 2, 74); aber diese Angaben, wie auch die von Lassen und Böhtlingk (Pân. Tb. 2, Einl. S. 5) hervorgehobene Erwähnung der Bildung von Namen östlicher Völker und Oerter können aus den von ihm gekannten und benutzten Grammatikern herrühren. Man könnte eher annehmen, dass er im Mittellande zu Hause gewesen, für dessen Grammatiker er keinen gemeinschaftlichen Namen hat. Im Commentare zu 4, 2, 109 wird von Mathurâ nicht gesagt, dass es eine östliche Stadt sei (Ind. Alterth. 2, 476. u.), sondern nur, dass es eine nördliche sei.
†) Böhtlingk, Pân. Bd. 2, Einl. S. XII und „Ueber den Accent im Sanskrit", S. 64.
††) z. B. Senaka wird 5, 4, 112) als Gewährsmann dafür angeführt, dass man sowohl upagiri wie upagiram „am Berge" sagt.
†††) z. B. die östlichen bilden von çoṇa, roth, das Femin. çoṇî, andere dagegen çoṇâ 4, 1, 43. Die nördlichen sagen, dass Namen für Nachkommen aus zusammengesetzten Stammwörtern, die sich auf sena endigen, durch die Endung i gebildet werden, aber andere sagen, durch die Endung ya, wie Hârishenî oder Hârishenya, 4, 1, 152. 153; jene bilden die Zusammensetzung mâtara-pitarau, andere mâtâpitarau, Mutter und Vater d. h. Eltern 6, 3, 32.

Stoff aus verschiedenen Gegenden stammt, vom Nordlande bis zum Ostlande, sei es nun, dass er ihn an einer Stelle vollständig, vielleicht lange vorher gesammelt vorfand, oder dass er selbst sammelte, was er auf eigenen Reisen bei verschiedenen Lehrern und an verschiedenen Stellen gefunden hatte, und dies durch eigene Beobachtungen vervollständigte. Beide Fälle sind möglich; aus dem Alter des Sprachstoffes folgt daher nicht gradezu sein Zeitalter. Aber die Anordnung und Darstellung des Stoffes darf man, sofern die ganze Tradition in dieser Hinsicht irgend Werth hat, sicher ihm zuschreiben und wenn man auf die ganze Behandlung des Stoffes sieht, namentlich auf die vielen Bestimmungen über äusserst specielle Erscheinungen, besonders über die Betonung einzelner Wörter und Formen, welche auf einer späteren Entwickelungsstufe verschwunden ist, und mit denen das Gedächtniss nicht beschwert zu werden brauchte, wenn nicht die lebende Sprache es gradezu verlangt hätte, so wird es wahrscheinlich, dass sein Leben in das zweite Zeitalter der Sprache, oder eine geraume Zeit vor 250 v. Chr. G. gefallen ist, und diese Annahme wird bestärkt durch eine Angabe, die an sein Werk geknüpft ist und welche ausserdem die einzige bis jetzt bekannte ist, durch welche sein Zeitalter annäherungsweise bestimmt werden kann. Er erwähnt (4, 3, 105) alte Brâhmaṇas, und als Beispiele neuerer führt er die von Yâjnavalkya vorgetragenen an, welche, wie eine Bemerkung Kâtyâyana's ausspricht, so genannt werden: tulyakâlatvât, „weil sie ungefähr aus derselben Zeit waren," woraus folgt, dass Pâṇini ungefähr gleichzeitig mit Yâjnavalkya war, aber doch etwas jünger.

Çâkaṭâyana behauptet, dass einige wenige Wurzeln auf â die 3. plur. Imperf. auf -us bilden, andere dagegen auf -ân, wie ayus, avus oder ayân, avân 3, 4, 111; die Wurzeln rud und vier andere bilden die 2. und 3. sing. Imperf. auf -îs und -ît, aber nach Gârgya und Gâlava auf -as und -at, wie arodîs und arodas, arodît und arodat 7, 3, 98. 99 u. s. w. Solche abweichende Bestimmungen können von dem Schwanken herrühren, welches so oft in kleinlichen Einzelheiten selbst in sehr ausgebildeten Sprachen stattfindet, aber sie können auch durch eine dialektische, locale Verschiedenheit veranlasst sein, die indessen, da solche Angaben bei Pâṇini an Zahl sehr gering sind, in der Zeit, in welcher der an verschiedenen Stellen gesammelte Sprachstoff verglichen und geordnet wurde, sehr unbedeutend gewesen sein muss.

Yâjnavalkya war einer der berühmtesten Lehrer Indiens, er stiftete oder vollendete die Stiftung*) einer neuen Schule für Adhvaryu-Priester (Vâjasaneyin), die sich von den älteren Schulen (Caraka) scharf trennte und in bestimmten Gegensatz gegen dieselben trat. Hiedurch bekam der für Advaryu-Priester überlieferte Stoff eine neue Ordnung, welche bald solche Aufnahme fand, dass sie in den Ruf kam, eine Offenbarung der Sonne zu sein, und der in der neuen Schule vorgetragene Yajurveda wurde deshalb auch çukla „der helle, weisse", genannt, im Gegensatz gegen den schwarzen (krishna), welches der Name für den früheren wurde, der in den älteren Schulen vorgetragen wurde. Die Brâhmanas, welche Yâjnavalkya vortrug, sind das zu dem weissen Yajurveda gehörende Çatapatha-brâhmana. Er hielt sich bei Janaka auf, welcher König in Videha oder Mithila und ein freigebiger Beschützer gelehrter Brahmanen war, die sich daher an seinen Hof begaben und mit welchen er sich in theologische und philosophische Untersuchungen einliess, deren Andenken auch in die populäre Sagengeschichte aufgenommen wurde. Mithila ist ausserdem berühmt als Buddha's Geburtsland, und hier eben so wie in dem angrenzenden Magadha fand seine Lehre schnell willige Aufnahme, nach den Buddhistischen Berichten, welche ausführlich sind in der Schilderung von Buddha's Zeit und der nächstfolgenden. In diesen Berichten werden Janaka und Yâjnavalkya gar nicht genannt, ebensowenig berührt Yâjnavalkya Buddha's Lehre, obgleich dieser die Bedeutung und den Nutzen des Opferdienstes gänzlich leugnete. Da wir ausserdem bei Yâjnavalkya den Brahmanischen Glauben in seinem älteren Zustande finden, frei von jeder Einwirkung des Volksglaubens, welcher nach dem Auftreten des Buddhismus sich auch bei den Brahmanen so stark geltend machte, so ist es wahrscheinlich, was auch Niemand geleugnet hat, dass das Zeitalter Yâjnavalkya's und Janaka's vor das des Buddha gefallen ist. Aber auf der anderen Seite, da Yâjnavalkya bekannt war als der, welcher ein neues Brâhmana vorgetragen hatte, und er folglich zu den letzten gehört haben muss, die in dieser Richtung auftraten, da ferner

---

*) Im Commentare zu Pân. 4, 3, 106 wird ein Text, vorgetragen von Vâjasaneya, genannt, dessen Schule Vâjasaneyin hiess und der daher verschieden gewesen zu sein scheint von Yâjnavalkya, der in der vorhergehenden Regel genannt ist, obgleich er auch diesen Namen führt.

Janaka, allerdings nur zufolge einer Tradition im Mahábhárata (12, 7886 u. f.), gleichzeitig mit Pancaçikha Kâpileya war, einem Schüler des âsuri und einem der frühesten Lehrer der zuerst von Kapila vorgetragenen Sânkhya-Philosophie, auf welche Buddha's Lehre sich in vieler Hinsicht stützte, so ist es auch wahrscheinlich, dass deren Zeitalter sich der Zeit Buddha's nähert.

Ueber die Zeit von Buddha's Tod hat man viele und abweichende Angaben, welche zeigen wie gross die Ungewissheit ist, welche über diesen Punkt in den verschiedenen Zweigen der Buddhistischen Kirche herrscht. Hier ist es indessen hinreichend, zwei Angaben zu erwähnen, welche beide der älteren Zeit angehören. Die nördlichen Buddhisten in Indien geben einen Zeitraum von 110 Jahren an, von Buddha's Tod bis auf die Abhaltung des Concils in Pâtaliputra unter dem Könige Açoka, oder bis auf die grosse Ketzerei, welche in Vaiçâli auftrat *). Danach würde also Buddha's Tod ungefähr in das Jahr 360 - 370 vor Chr. G. fallen. Dagegen wird dies Ereigniss in das Jahr 543 vor Chr. G. gesetzt in der Singhalesischen Zeitrechnung, deren Ausgangspunkt es ist, was auch allgemein als das richtige angenommen worden ist. Diese Zeitrechnung gründet sich indessen auf Berechnungen, die später auf Ceilon angestellt worden sind, wodurch die Einführung des Buddhismus auf der Insel, welche im 18. Jahre nach der Salbung des Açoka statt fand, nach den Daten, welche die Singhalesische Geschichte darbot, in ein Jahr gesetzt wurde, welches dem Jahre 307 vor Chr. G. entspricht. Aber bei dieser Berechnung beging man einen Fehler von etwa 50—60 Jahren, um welche dies Ereigniss und Açoka's Zeitalter zu weit in der Zeit zurückgeschoben sind. Für den vorhergehenden Zeitraum benutzte man Daten aus der Geschichte Magadha's, und danach rechnete man 236 Jahre bis zur Einführung des Buddhismus, oder 235 bis zur Abhaltung des Concils in Pâtaliputra und 218 Jahre bis zu Açoka's feierlicher Salbung. Aber auch hiebei, glaube ich, hat man wesentliche Fehler begangen. Die Singhalesischen Berechnungen gehen davon aus, im Gegensatz gegen die nördlichen, theils dass die Ketzerei in Vaiçâli 100 Jahre nach Buddha's Tode, in König Kâlâçoka's zehntem

---

*) Csoma Körösi, Analysis of the Dulva, in den Asiat. Researches, XX. p. 41 und 92.

Jahre auftrat und zuerst zur Einsetzung eines Schiedsgerichtes von acht Priestern führte und danach zur Abhaltung eines grossen Concils an demselben Orte, welches der nördlichen Kirche unbekannt ist; theils darauf, dass 118 Jahre später dem Buddhistischen Glauben ein neues Unglück zustiess, worauf unter Dharmâçoka, dessen früherer Name Candâçoka war, ein Concil in Pâtaliputra abgehalten wurde, das dritte für die Singhalesische, das zweite für die nördliche Kirche. Man ist meistens geneigt gewesen anzunehmen, dass die nördlichen Buddhisten die beiden Açokas, Kâlâçoka und Dharmâçoka, in einen zusammengeschmolzen haben, und dass die Singhalesischen Angaben in diesem Punkte um so viel eher als glaubwürdig angesehen werden könnten, als sie allerdings durch den eigenen Sohn des letzten Açoka, Mahendra, welcher der erste Apostel der Insel war, nach Ceilon gebracht waren. Indessen darf nicht übersehen werden, dass seine Erzählungen lange nur durch mündliche Ueberlieferung bewahrt wurden, allen Zufällen derselben preisgegeben. Die Uebereinstimmungen, welche sich in den Berichten über die beiden Açokas finden, sind so gross, dass es mir weit wahrscheinlicher vorkommt, dass man auf Ceilon den einen Açoka in zwei zertheilt hat, indem nämlich der in Vaiçâli eingesetzte Ausschuss allmälig zu einem Concil anschwoll, welches von 700 Arhats unter Anwesenheit von 1,200,000 Geistlichen abgehalten wurde. Da ferner in dem von den Singhalesen angegebenen Jahre 118 nach ihrem zweiten Concil, in welchem ein kirchliches Unglück eingetroffen sein sollte, kein anderes Ereigniss genannt wird, als König Açoka's Salbung, während ungefähr in seinem zehnten Jahre eine kirchliche Verwirrung erwähnt wird, so vermuthe ich, dass dies dieselbe ist wie die Ketzerei in Vaiçâli, und dass die 118 Jahre der Singhalesen ursprünglich ebenso, wie die 110 Jahre der nördlichen, die Zeit von Buddha's Tod und dem ersten Concil in Râjagriha bis zur Ketzerei in Vaiçâli oder vielleicht eher bis zum Concil von Pâtaliputra angaben. Nach dieser Ansicht würde Buddha's Tod ungefähr 100 Jahre vor Açoka's Salbung oder ungefähr in das Jahr 370 v. Chr. G. zu setzen sein, und sein erstes Auftreten etwas früher als 400 Jahre v. Chr. G. *).

---

*) In Rücksicht auf die nähere Entwickelung erlaube ich mir auch hier, auf die Oversigt for Vid. Selsk. Forh. 1860 zu verweisen.

Nach dem was oben bemerkt ist, muss nach dieser Annahme Yâjnavalkya's und Janaka's Zeitalter etwas früher gesetzt werden (ungefähr 450 v. Chr. G.), und Pânini, welcher ungefähr gleichzeitig mit Yâjnavalkya war, aber etwas jünger, würde dann auch ungefähr gleichzeitig mit Buddha gewesen sein, so dass man mit aller Wahrscheinlichkeit annehmen darf, dass sein Zeitalter ungefähr 400 v. Chr. G. gefallen ist. Der Herausgeber des Pânini, Böhtlingk, hat schon früher geglaubt, ihn etwa auf 350 v. Chr. G. ansetzen zu können *). Gegen diese Annahme ist die Einwendung erhoben worden, welche natürlich noch mehr gegen die jetzt vorgeschlagene gelten wird, dass Pânini selbst ein eigenes Wort, yavanâni, erwähnt, mit der Bedeutung: Schrift der Griechen

---

*) Pânini, Bd. 2. Einl. p. XI. Diesem hat sich sowohl Lassen angeschlossen (Ind. Alterth. 2, 474) wie M. Müller (Anc. Lit. 243), welcher auch auf die oben angeführte Bemerkung über Yâjnavalkya's ungefähre Gleichzeitigkeit aufmerksam gemacht hat (ebendaselbst p. 353), ohne jedoch daraus den nothwendigen Schluss zu ziehen, namentlich weil er, zum Theil auf die Singhalesische Zeitrechnung gestützt, Buddha's Todesjahr auf etwa 477 vor Chr. G. angesetzt hat. Aber obwohl jene Annahme von Böhtlingk ungefähr richtig sein dürfte, so ist doch die Quelle, aus welcher er sie geschöpft hat, von solcher Beschaffenheit, dass sie wohl eigentlich nur einem reinen Zufall zu verdanken ist, obgleich sie doch auch dient zu zeigen, dass man die Indische Tradition nicht durchaus verwerfen darf. Die Quelle ist nämlich der Kathâsarit-sâgara, eine Mährchensammlung des Somadeva aus Kaschmir im 12. Jahrhundert. Ihr zufolge war Pânini ein Schüler des Brahmanen Varsha in Pâtaliputra, und etwas geistesschwach. Da er nicht den gebührenden Gehorsam leisten wollte und desshalb von Varsha's Frau fortgeschickt wurde, ging er in den Himâlaya um durch Kasteiungen Çiva's Gnade zu gewinnen, von dem er auch seine Grammatik empfing, durch welche er seinen Mitschüler Kâtyâyana Vararuci besiegte (4, 20), durch den aber Pânini's Grammatik vollendet wurde (4, 88). Kâtyâyana war ein Freund von Nanda, König in Pâtaliputra, und später, da Nanda's Körper nach seinem Tode wiederbelebt wurde durch die Seele eines anderen Mitschülers, wurde er Minister bei ihm und regierte unter dem Namen Yogananda (4, 94), bis es dem Minister des richtigen Nanda, Çakatâla, welcher Unrath merkte, glückte, durch die Zauberei eines rachsüchtigen Brahmanen Cânakya den Yogananda umzubringen und Nanda's Sohn, Candragupta, auf den Thron zu setzen (5, 108). Beide, Nanda und Candragupta, sind historische Personen. Nanda war der mächtige Fürst, welcher im Ostlande regierte, als Alexander in Indien war (326 v. Chr. G.); aber Candragupta war nicht sein Sohn. Uebrigens lassen die Buddhisten diese betrügerische Wiederbelebung mit Candragupta's Körper vor sich gehen (Turnour, Mahâvansa, Einl. p. 42).

(4, 1, 49), wo denn behauptet wird, dass diese Schrift vor der Zeit Alexander's des Grossen nicht solche Bedeutung für die Inder gehabt haben könne, dass es nothwendig für sie gewesen wäre, ein eigenes Wort zur Bezeichnung derselben zu bilden, sondern dass die Bildung eines solchen erst geraume Zeit nach Alexander natürlich sein konnte in den von den Griechen lange beherrschten Strecken Nord-Indiens, welche Pâṇiṇi's Vaterland waren *). Es ist indessen nicht gut, im voraus zu entscheiden, was eine Sprache in ihrer Launenhaftigkeit durch ein eigenes Wort auszudrücken beschliessen müsse und was nicht; die Frage kann hier nur sein, ob man annehmen darf, dass der Name der Griechen und ihre Schrift zu der Zeit in der Gegend bekannt gewesen sein könne, wo Pâṇiṇi entweder zu Hause war, oder von wo er seinen Stoff geholt hat. Dies kann bejahend beantwortet werden. Yavana, oder in der Alt-Persischen Form Yauna, war der Name, mit welchem Darius, Sohn des Hystaspes (521 bis 485), die Griechen in Klein-Asien und auf den Inseln bezeichnete **), und Gandhâra und Sindhu (Hindu) war ein Theil des Reiches dieses Königs, in dessen Inschriften wie auch von Herodot sie als solcher genannt werden. Von Gandhâra aus machte der Grieche Skylax seine Entdeckungsreise den Indus hinab, unter Darius. Gandhârer und Inder folgten dem Xerxes auf dem Zuge nach Griechenland, und die letzteren kämpften mit bei Plataeae (479). Die Bewohner dieser Gegenden hatten daher Gelegenheit, die Griechen und deren Eigenthümlichkeiten kennen zu lernen, und je weniger allgemein die Bekanntschaft mit der Schrift in Indien war, desto natürlicher kann die Bildung eines eigenen Ausdruckes für eine bestimmte Schriftart sein, welche ausserdem in ihrem Wesen bedeutend abwich von den anderen Arten, die in den nächsten Nachbarländern gebräuchlich waren, wie auch von der Art, welche später im Nordlande in allgemeinen Gebrauch kam und vielleicht schon damals Eingang zu finden begonnen hatte. Im Lande Gandhâra sollen, wie oben

---

*) A. Weber, Indische Studien 4, 89.
**) Darius' Inschr. v. Persepolis, Zeile 18 und v. Nakshi Rustam 2. 24. Nach Herodot's Steuerliste gehörte Gandhâra und die Sattagyden (Thatagush) nebst anderen zu der siebenten Satrapie 3, 91. Skylax 4, 44. Die Gaudhâren mit Xerxes 7, 66. Die Inder bei Plataeae 8, 113. 9, 31.

bemerkt, Pâṇinis Vorfahren heimisch gewesen sein und jedenfalls hat er die Grammatiker des Nordlandes gekannt und benutzt, von denen er, wo auch seine Heimat gewesen sein mag, gradezu jenen Ausdruck für die Schrift der Griechen genommen haben kann *).

Zu Pânini gehört eine Reihe von anderen Regeln unter dem Namen Vârtika, welche einige seiner Regeln, die zu allgemein sind, beschränken und andere zu beschränkte erweitern, und welche ausserdem häufig Ausnahmen und Zusätze mittheilen, die im Hauptwerke übergangen sind. Ein Theil dieser Zusatzregeln wird dem Kâtyâyana als Verfasser zugeschrieben. Einige derselben enthalten indessen nichts anderes als was aus der näheren Erklärung der betreffenden Regel folgen würde und was daher zu der ursprünglichen Erklärung und Deutung gehört haben kann, welche das nothwendige Supplement jeder Sûtra-Sammlung war **), so dass, was in dieser Hinsicht von Kâtyâyana ausgeht, ist, dass er die mitgetheilte Erklärung in die Sûtra-Form gebracht hat, um es dadurch leichter dem Gedächtnisse einzuprägen. Aber ein anderer Theil bezweckt Berichtigungen in Pânini's Regeln und Zusätze zu denselben ***), und was hier mitgetheilt wird, kann

---

*) Dieselbe Regel Pânini's (4, 1, 49) enthält einen Beitrag zur Schilderung des Götterglaubens in seiner Zeit. Es werden dort ausser Indrânî und Varunânî, den Gattinnen des Indra und Varuna, noch vier andere weibliche Namen genannt: Bhavânî, Çarvânî, Rudrânî und Mridânî, welche alle Namen der Gattinn Çiva's wurden.

**) z. B. dass das oben erwähnte Wort yavanânî (4, 1, 49) nicht die Frau eines Yavana bedeutete, wie Indrânî (4, 1, 48), sondern die Schrift der Yavanas; dass yavânî schlechtes Korn, himânî strenge Kälte, araṇyânî ein grosser Wald war; dass in 3, 2, 24 die Bildung stambakari von vrîhi, Reiss, gebraucht werden kann, und sakritkari von vatsa einem Kalbe, u. s. w.

**) z. B. es wird gesagt, in 3, 1, 80 müsse dhinvi-kriṇvyor verbessert werden in dhivi-krivyor. In 3, 1, 84 wird eine Veda-Eigenthümlichkeit auf die 2 pers. Imper. (gribhâya) beschränkt, aber ein Vârtika erweitert dieselbe auf andere Personen und Zeiten; dagegen wird die Regel 7, 1, 69, über die Einschiebung eines m in zwei Formen der Wurzel labh, auf den Fall beschränkt, dass diese Wurzel nicht mit einer Präposition verbunden ist (es heisst alâbhi oder ulambbi, aber nur prâlambhi). Zu 4, 1, 49 wird ferner bemerkt, dass man neben mûtulânî auch mâtulî sagt, und dass dort mehrere ähnliche Formen hinzuzufügen sind, upâdhyâyânî und upâdhyâyâ, aryânî und aryâ, kshatriyâṇî und kshatriyâ, ûcâryânî und in der Vedasprache mudgalânî u. s. w.

entweder dem allgemeinen ererbten Stoffe angehört haben, welchen
Pâṇini übersah oder aus irgend einem Grunde verwerfen zu müssen
glaubte und der daher dem Kâtyâyana aus anderen grammatischen
Schulen zukam, oder das Hinzugefügte kann sich auch auf eigene
selbständige Beobachtungen gründen. Beide Umstände haben
sicher stattgefunden; wenigstens kommt es mir wahrscheinlich
vor, wenn man auf die Beschaffenheit dieser Zusatzregeln sieht,
dass auch Kâtyâyana einer Zeit angehört habe, wo das Sanskrit
noch eine einigermaassen allgemeine Umgangssprache war und
noch nicht eine entschiedene Tendenz gezeigt hatte, in die jüngere
Sprachform überzugehen, welche in den ältesten Inschriften auftritt, und dass auch er daher eine geraume Zeit vor Açoka (250
v. Chr. G.) gelebt habe. Kâtyâyana's persönliches Verhältniss zu
Pâṇini ist nicht bekannt; ein Mitschüler von ihm kann er kaum
gewesen sein; aber mag er nun sein unmittelbarer Schüler, oder
bloss aus der von ihm gestifteten Schule hervorgegangen sein,
so muss das Werk des Lehrers für ihn als etwas so Heiliges
dagestanden haben, dass er auf keine andere Weise daran rühren
wollte, als durch Zusätze und ergänzende Bemerkungen, und
dasselbe ist auch die Ansicht seiner Zeit und der späteren Zeit
gewesen, weil man stets vorgezogen hat, beide gesondert zu erhalten, anstatt sie zu vereinigen und den vorhandenen Stoff aufs
Neue zu einer Einheit zu verarbeiten; so dass man dabei geblieben ist, sowohl Pâṇini's 3976 Regeln auswendig zu lernen,
wie auch eine sehr bedeutende Zahl von Zusatzregeln, von denen
einige gradezu darauf ausgingen, jene zu berichtigen; und um
dies besser zu können, hat man einem Theile der Zusatzregeln
eine metrische Form (kârikâ) gegeben, welche einem Bhartṛihari
zugeschrieben wird, der auch sonst als Dichter genannt wird.
Bei Kâtyâyana drängt sich eine Frage auf, welche auch anderwärts in der Litteratur entsteht, die Frage über die Identität der
Verfasser, welche unter demselben Namen auftreten. Nun sind
die Werke, welche Kâtyâyana's Namen tragen, so verschieden-
artig, dass sie von verschiedenen Männern dieses Namens ausgegangen sein müssen, während wir uns doch darauf beschränken
müssen, diese Werke nach ihrem Inhalte zu ordnen, ohne dass
es möglich wäre mit Sicherheit zu entscheiden, auf welchen speciellen Kâtyâyana jedes einzelne Werk zurückzuführen sei. Kâtyâyana ist ein Familienname und bezeichnet einen entfernteren

Nachkommen, wie Kâtya einen näheren, der Familie Kata*), welche eine Unterabtheilung des Hauptstammes des Viçvâmitra ausmachte, und Vaiçvâmitra Kata wird auch als Dichter zweier Lieder im Rigveda (3, 17. 18) genannt, wie ein Kâtya Utkila als Dichter zweier anderer (3, 15. 16). Unter dem Namen Kâtyâyana haben wir: I. den Grammatiker, Verfasser der eben genannten Vârtika zu Pâṇini, und dies kann derselbe sein, welcher von dem Commentator zu Amarasinha's Wörtersammlung (Amara-kosha) als eine seiner alten Quellen in Bezug auf Hauptwörter genannt wird, und welcher Regeln über das Geschlecht verfasst hat**). Demnächst haben wir namentlich II. den Kâtyâyâna der an den weissen Yajurveda geknüpft ist, nämlich 1) als Grammatiker und Verfasser der Kâtyâyaniya-Prâtiçâkhya-sûtra zu der Vâjasaneyi-Samhitâ, der nicht unwahrscheinlich derselbe ist wie der Verfasser der Vârtika, was indessen der Herausgeber des Werkes, A. Weber (Ind. Stud. 4) zweifelhaft findet, obgleich er einräumt, dass der Verfasser dieses Werkes in naher Berührung mit Pâṇini gestanden hat, mit welchem sich darin auch gradezu mehrere Uebereinstimmungen finden, während die Abweichungen und Verschiedenheiten leicht aus dem verschiedenartigen Stoffe erklärt werden können. Bei Pâṇini war es die Sprache in ihrer Totalität, und hier nur ein einzelner Veda-Text, wie er in einer einzelnen Adhvaryu-Schule festgestellt war. 2) als Kalpa-Lehrer oder Verfasser von Çrauta-Sûtras, Regeln für die Ausführung Vedischer Opferhandlungen, für Adhvaryu-Priester bestimmt, und dies ist vielleicht nochmals derselbe; denn es ist an und für sich gar nicht unwahrscheinlich, dass derselbe Lehrer, der in einer bestimmten Form Regeln für die Ausführung von Opferhandlungen vortrug und die dazu gehörenden Opferwörter lehrte, zugleich die Regeln für die richtige Aussprache derselben neu bearbeiten und ordnen konnte, in Uebereinstimmung mit dem, was von dem Stifter der Schule festgesetzt sein musste. 3) Kâtyâyana wird genannt als Verfasser der Anukramani, des Inhaltsverzeichnisses, Registers zu demselben Yajurveda ***), und 4) als

---

*) Nach Singhalesischer Auffassung war Kâtya (Kacca) der Stammvater dieser Familie, nach der Rûpasiddhi (der ältesten Pâli-Sprachlehre, die sich auf Ceilon findet), angeführt in Turnours Ausgabe des Mahâvansa, Einl. p. 26.
**) Colebrooke, Essays 2, S. 53.
***) Colebrooke, Essays 1, 23. Weber, Ind. Litt. p. 139.

Verfasser mehrerer besonders zu diesem Veda gehörender Pariçishta, Beilagen, deren Namen und Form jedoch eine spätere Zeit verrathen, wenigstens so weit es die letzte Bearbeitung betrifft, nämlich eine sprachlichen Inhalts, Nigama-pariçishta, eine Art Sammlung von Wörtern, theils mit beigefügter Bedeutung, theils ohne dieselbe *); ein Çrâddhakalpa über Todtenopfer für die Väter und ein Pravara-adhyâya über die Verzweigungen der Geschlechter und deren Benennungen **). Hieran können wir knüpfen 5) den Verfasser des Karmapradipa, welcher Vorschriften über das Opfern enthält und eines Dharmaçâstra, welches unter den Quellen zu Yâjnavalkya's Gesetzbuch (1, 4) genannt wird und welches auch öfter in anderen Gesetzbüchern angeführt wird ***). Eine verschiedene Person ist sicher III. der Kâtyâyana, welcher mit dem Rigveda verknüpft ist und welcher ein allgemeines Register, Sarvânukramani, dazu verfasste, worin er die früheren fünf vorhandenen besonderen Register zusammenstellte, welche noch zum Theil übrig sind †), über die Dichter, Versmaasse, Götter, Abschnitte (anuvâka) und Lieder (sûkta), welche von Çaunaka ausgegangen waren, zu dessen Schule er gehörte, nach einer Angabe bei dem Commentator dieses Werkes, Sha*d*guruçishya ††), der übrigens einem und demselben Kâtyâyana alle die verschiedenen Werke zuschreibt, welche diesen Verfassernamen führen. Er weicht von Çaunaka darin ab, dass er der neueren Eintheilung des Rigveda in Ash*t*akas, Adhyâyas und Vargas folgt, welche aus der Rücksicht auf das Studium desselben entstanden war †††). Ferner ist da IV. ein Kâtyâyana Verfasser einiger Werke die zum Sâmaveda gehören, nämlich Upagrantha-Sûtra, über die Vollziehung einiger Sâma-Opfer, Pratihâra-Sûtra,

---

*) Ind. Stud. 1, 81.
**) Müller, Anc. Lit. p. 255.
***) Stenzler in Ind. Stud. 1, 232. 239. Der Yâjnavalkya, welcher als Verfasser eines Gesetzbuches genannt wird und welcher den Beinamen Yogin, Yogiçvara führt, ist sicher verschieden von dem oben genannten Stifter einer Adhvaryu-Schule.
†) Müller, Anc. Lit. 218.
††) Ebendas. 238.
†††) Müller, Anc. Lit. 229. Die ältere Eintheilung nach dem Inhalte war Mandala, Anuvâka und Sûkta; beide Eintheilungen werden in den Handschriften beobachtet.

über die Singweisen der Sâma-Hymnen, und Chandoga-pariçishta, welches die Ausführung von Sâma-Gebräuchen betrifft und sich selbst als ein Supplement zu Gobhila's Grihya-Sûtra für Chandoga-Priester angiebt *). Demnächst hat auch nach Shadguruçishya's Aussage V. ein Kâtyâyana eine Brahma-Kârikâ verfasst, welche noch nicht wiedergefunden ist **). Ferner wird der Name Kâtyâyana VI. dem Vararuci beigelegt und beide Namen mit einander verbunden, aber wie es scheint, nur von späteren Verfassern ***). Vararuci nähert sich in sofern dem II. Kâtyâyana, als er einen Commentar zu einem Prâtiçâkhya für den Yajurveda verfasst haben soll †); aber gänzlich verschieden ist der Vararuci, welcher der Verfasser grammatischer Regeln für die verschiedenen aus dem Sanskrit abgeleiteten Dialekte und Volkssprachen ist, die in den Dramen angewandt werden; denn die Entwickelungsstufe, zu welcher diese gelangt sind, über diejenige hinaus, welche sich in Açoka's Inschriften findet, weist auf eine weit spätere Zeit hin, frühestens auf das erste oder zweite Jahrhundert nach Chr. G. Endlich kann noch auf Brahmanischer Seite genannt werden VII. Kabandhin Kâtyâyana, der im Praçna-Upanishad Belehrung von Pippalâda empfängt ††) und es ist möglich, dass er derselbe ist, welcher unter dem Namen Kakuda oder Pakudha Kâtyâyana als Buddha's Zeitgenosse genannt wird, und als ein angesehener Tîrthya (Gymnosophist) in Râjagriha mit einem grossen Schülerkreise †††). Auf Buddhistischer Seite treffen wir diesen Namen ferner bei einem von Buddha's wichtigsten Schülern, der gewöhnlich genannt wird VIII. Mahâ-Kâtyâyana ††††). Er wird angeführt als Verfasser der ersten Pâli-

---

*) Müller, Anc. Lit. 210. 250. Ind. Stud. 1, 56.

**) Müller, Anc. Lit. 235.

***) Hemacandra in seinem Wörterbuch v. 852; Somadeva, in der Erzählung von Kâtyâyana, s. oben p. 80. n.

†) Ein Commentar zu einem Prâtiçâkhya für den Yajurveda, Tribhâshyaratna, hat nach seiner Angabe einen Commentar von Vararuci zugleich mit zwei anderen von Atreya und Mahisha benutzt (Mackenzie Collection I, 7).

††) Colebrooke, Essays, 1, 95.

†††) Kakuda nach Nepalischen und Chinesischen, Pakudha nach Singhalesischen Quellen; vergl. Burnouf, Lotus p. 293. 450. 488. Weber, Indische Stud. 1, 440. 3, 158.

††††) Sein Stand wird verschieden angegeben. Nach Spence Hardy, Manual of Buddhism p. 80, war er Sohn eines Brahmanen, Purohita beim

Sprachlehre *); dass aber dieser Name auf den unbekannten Urheber einer Pâli-Sprachlehre übertragen ist, wird wohl von einer Vermischung ihres heiligen Ansehens mit dem hohen Rufe des oben genannten Sanskrit-Grammatikers herrühren; denn eine solche Sprachlehre kann erst lange nach der Zeit jener beiden Kâtyâyanas verfasst worden sein, und ist von Ceilon ausgegangen, wo die Ausbildung der Pâli-Sprache stattgefunden hat **). Eine ähnliche Uebertragung des Namens des Grammatikers findet sich ausserdem bei der Tamulischen Grammatik; als Urheber derselben wird zwar der Brahmanische Heros Südindiens, Agastya (Agattiyän) genannt, aber unter seinen Nachfolgern, deren Werke gleichfalls verloren sind, wird auch ein Kâtyâyana oder Kattiyanür genannt ***). Endlich nennt noch der Chinesische Pilger Hjun-Thsang eine gänzlich verschiedene Person, einen

---

Könige von Ujjayinî; aber nach einer Tibetanischen Angabe war er ein Çûdra (Csoma Körösi bei Burnouf, Introd. p. 446). Der Verfasser der Rûpasiddhi sagt, dass er ein Nachkomme des Kâtya sei, ohne seinen Stand näher anzugeben. Dass die Buddhisten Brahmanische Namen auf Çûdras und Sclaven übertragen haben, davon haben wir ein Beispiel in Pûrna, dem Verfasser eines metaphysischen Werkes, Dhâtukâya, welchen die Legende zu Buddha's Zeitgenossen macht; denn obgleich er der Sohn eines Kaufmanns und einer Sclavin war, hiess er doch nach seiner Mutter Maitrâyanî-putra (Burnouf, Introd. 237. 448. 478. 564). Ein anderer Brahmanischer Name, Sonaka (Çaunaka), wird einem Vaiçya, dem Sohne eines Karavanenführers beigelegt, im Muhâvansa 5, 116.

*) Turnour, Mahâvansa, Einl. p. 26. Diese Sprachlehre ist längst verloren, aber andere geben sich für Auszüge derselben aus.

**) Die Pâli-Sprache, in welcher die heiligen Bücher der südlichen Buddhistischen Kirche verfasst sind, hiess zwar Mâgadhî; aber darauf ist man natürlich dadurch geführt worden, dass Magadha das heilige Land war, in welchem der Religionsstifter zum Buddha wurde. Die Pâli-Sprache ist zugleich mit dem Glauben nach Ceilon gebracht durch den Apostel der Insel, Mahendra; es ist ein westlicher Dialect, wahrscheinlich die Muttersprache Mahendra's, der in Ujjayinî geboren war, und am nächsten verwandt mit dem Dialecte, der in Açoka's Inschrift von Girnar angewandt ist, wenn nicht ursprünglich identisch mit diesem, da die Verschiedenheiten, welche zwischen ihnen stattfinden, sich erklären lassen aus dem Gebrauche des Dialectes auf Ceilon, wo er gänzlich fremd war, neben der völlig verschiedenen Volkssprache, dem Singhalesischen, in welche der heilige Text auch übersetzt wurde. Man muss deshalb auch bald das Bedürfniss bestimmter Regeln für den Gebrauch des Indischen Dialectes gefühlt haben.

***) Beschi, Grammar of Shen Tamil. Madras 1822. p. IX.

Buddhisten IX. Kâtyâyana, dessen Name wohl eher Kâtyâyaniputra war*); er war Verfasser des Jnâna-prasthâna über Metaphysik und lebte nach der Chinesischen Berechnung in der Nähe von von Cînapati zwischen der Irâvati und Vipâçâ **), 300 Jahre nach Buddha's Tode, was wohl heissen soll 200 Jahre nach Açoka und 100 Jahre vor Kanishka, also ungefähr im ersten vorchristlichen Jahrhundert.

Während wir so mehrere Männer mit demselben Namen Kâtyâyana haben, so scheinen dagegen die Werke, welche Çaunaka's Namen führen, ganz natürlich einem und demselben Manne beigelegt werden zu können; sie gehören wenigstens alle zum Rigveda. Çaunaka wird als derjenige genannt, von welchem der Text, den wir vom Rigveda haben, ausgegangen ist. Er gehörte zur Çaiçira-Schule, einem Zweige der Çâkala-Schule, deren Text er mit dem der Bâshkala-Schule vereinigte***). Diese beiden Texte werden kaum bedeutend von einander verschieden gewesen sein, da eine Vereinigung möglich war. Bâshkala's Text soll 1025 Lieder enthalten haben oder acht mehr als der der Çâkala-Schule, mit welchem der vereinigte Text in der Zahl der Lieder (1017) übereinstimmt. Aber es ist unbekannt, wie diese Uebereinstimmung hervorgebracht ist, oder überhaupt in welchem Verhältnisse Çaunaka's Text zu jedem der beiden älteren steht. Er scheint wenigstens eines der Lieder ausgelassen zu haben, welche sich bei Çâkala fanden; auf diesen scheint er zunächst gegründet gewesen zu sein und seine Abweichungen davon können kaum bedeutend gewesen sein, wenn man von den geringen Verschie-

---

*) Burnouf, Introd. p. 447. Kâtyâyanî-putra ist auch bei den Brahmanen der Name von zwei Lehrern, No. 2 und 8 in der Liste des Brihadâranyaka (6, 5). Die Sitte, Jemanden als Sohn einer Mutter mit ihrem Geschlechtsnamen zu nennen, war gleichzeitig mit der Benennung mit dem Geschlechtsnamen des Vaters (so hiessen Buddha's zwei Hauptschüler Maudgalyâyana und Çâriputra), scheint aber doch im Ganzen genommen jüngeren Ursprunges zu sein. In Moggaliputta, der den Vorsitz auf Açoka's Kirchenversammlung führte, haben wir ein Beispiel einer Benennung als Sohn eines Vaters, wenn es nicht auf einem Missverständnisse der Singhalesen beruht, dass sie Moggali zu einem Brahmanen und zu seinem Vater gemacht haben (Mahavansa 5, 135).

**) Lassen, Ind. Alterth. 2, 482. 865.

***) Müller, Anc. Lit. 118. 229. (Shadguruçishya) 237.

denheiten schliessen darf, die in dem Prâtiçâkhya angeführt werden, welches im Einleitungsverse ebenfalls dem Çaunaka zugeschrieben wird. Dieses Werk, welches die Lautverhältnisse behandelt und Regeln für die Hersagung des *R*igveda in seinen drei Formen enthält, schliesst sich nämlich an Çaunaka's Text, enthält aber doch mehrere Reminiscenzen aus dem früheren Werke, von welchem es selbst ausgegangen ist und welches sich auf Çâkala's Text stützte *). Dieses Prâtiçâkhya kann, wie oben bemerkt, nur in Hinsicht des Stoffes dem Çaunaka angehören; seine Form weist auf eine spätere Zeit hin, als man anfing, das, was auswendig gelernt werden sollte, in Verse zu kleiden. Çaunaka wird ausserdem als Verfasser von fünf Registern zum *R*igveda genannt, welche der III. Kâtyâyana zu einem allgemeinen zusammenarbeitete. Ferner werden ihm zugeschrieben, ausser einem Werke (smârta) über die häuslichen und bürgerlichen Gebräuche **), zwei Werke über die Anwendung der Verse und Verszeilen des *R*igveda und über deren heilige Kraft ausser dem Opferdienste, nebst einem ausfürlicheren Bârhaddaivata, über die Götter welche im *R*igveda angerufen werden. Diese letzten Werke, welche noch vorhanden sind, gehören, was ihre Form betrifft, dem späteren Zeitalter an, wegen der metrischen populären Darstellungsweise, und dasselbe gilt auch wenigstens von einem Theile des Stoffes des *R*igvidhâna ***). Çaunaka wird gewiss mit Recht als ein Vorgänger Pâ*n*ini's angesehen, namentlich auf Grund des Verhält-

---

*) Es wird nämlich in Prâtiçâkhya 17, 29 ein Vers eines Liedes angeführt, der sich nicht in Çaunaka's Texte findet (Journ. Asiat. 12, 361; Nirukta, Einl. p. XLV). Eine Abweichung von Çaunaka's Padapâ*th*a wird angeführt von Sâya*n*a zu Rv. 1, 116, 1, wo unser Text arbhagâyu = arbhakâya „dem Kleinen", als ein Wort hat, während Çâkalya Padakrit es erklärt hat als ein Compositum arbha-gâya, „der wenig singt."

**) Daher wird Çaunaka bei Manu 3, 16 erwähnt.

***) In diesem wird die Verehrung des Çankara (Çiva) erwähnt, in einem Verse den Sâya*n*a zu Rv. 2, 33 anführt. Der Vers Rv. 1, 164, 1 reinigt von dem Verbrechen des Diebstahls, wie bei Manu 11, 250. Nach Sha*d*guruçishya soll Çaunaka auch einen Brâhma*n*a ähnlichen Kalpa (sûtra brâhma*n*a-saunibha) verfasst haben, welchen er selbst vernichtete aus Rücksicht auf seinen Schüler âçvalâyana, der auch ein Kalpa-sûtra verfasst hatte. Das soll wohl heissen, dass Çaunaka bei seinem Unterrichte in den Regeln des Opferdienstes sich nicht der Sûtra-Form bediente, sondern den freien Vortrag vorzog.

nisses, in welchem die grammatische Behandlung bei diesem zu jenem steht; ausserdem ist er wahrscheinlich eben derselbe Çaunaka, den Pâṇini (4, 3, 106) als Stifter einer Textschule erwähnt, obgleich auch eine Atharvaveda-Schule mit demselben Namen erwähnt wird *).

Aelter als Çaunaka darf Yâska angenommen werden. Er wird oft als Auctorität im Bârhaddaivata angeführt und wahrscheinlich auch im Prâtiçâkhya. Yâska war ein Veda-Erklärer (Nairukta) und man schreibt ihm eine Sammlung eigenthümlicher Vedawörter zu, nebst einer Erklärung derselben (Nirukta). Dies Werk hat sein Ansehen bewahrt durch alle folgenden Zeiten **), und hat, ebenso wie das des Pâṇini in Rücksicht auf die Grammatik, alle früheren Werke verdunkelt; es nennt indessen selbst mehrere Vorgänger, darunter (6, 28) Çâkalya, der eine Pada-Form des Ṛigveda vorgetragen hatte, welche nicht diejenige war, der Yâska selbst folgte ***). Çâkalya ist ein Geschlechtsname, aber er ist gewiss derselbe, welcher die Çâkala-Schule stiftete; sein persönlicher Name war nach Vishnupurâṇa (p. 277) Vedamitra und Çaunaka nennt in seinem Prâtiçâkhya als Gewährsmann einen Lehrer Vedamitra (1, 11), wie auch Çâkalya-sthavira (den alten Çâkalya, 2, 44) und Çâkalyapitar (Çâkalya-Vater 4, 2. 5), welche Namen wahrscheinlich gleichbedeutend sind.

Es lässt sich nicht bestimmen, eine wie lange Zeit, ob 100 Jahre mehr oder weniger zwischen Pâṇini und Yâska liegt, aber es geht auch aus dem Werke des letzteren hervor, dass die Sprache lange vor ihm der Gegenstand sorgfältiger und weitgehender Untersuchungen gewesen ist. Man hatte nicht bloss

---

*) Çaunaka kam zuletzt in den Ruf, ein heiliger Weiser zu sein; für einen solchen sah ihn Shadguruçishya an und als solchem wird ihm die Muṇḍaka-Upanishad von Angiras mitgetheilt.

**) Nach Mahâbhârata 3, 13231 empfing der Ṛishi Yâska sein Nirukta vom Gotte Vishnu.

***) Im Nirukta 6, 28 wird Çâkalya genannt, welcher den Vers Rv. 10, 29, 1 anders auflöste als Yâska. Ebenso weicht Yâska ab, indem er in Rv. 1, 105, 18 liest: mâsa-krit, während unser Text mâ sakrit in zwei Wörter auflöst, was Sâyaṇa ausdrücklich dem Çâkalya zuschreibt. Bei Rv. 5, 39, 1 (Nir. 4, 4) stimmen beide überein, weichen aber von der Erklärung ab, welche ein anderer Pada-Verfasser, Gârgya, für diesen Vers im Sâmaveda 1, 345. 2, 522 geltend gemacht hat.

die Wörter, so wie sie mit ihren Beugungsformen auftreten, aufgefasst, sondern man hatte auch diese von dem Wortstamme zu trennen gewusst und war von da durch eine fortgesetzte Absonderung der Ableitungsilben und deren Wirkungen zu dem ursprünglichen Bestandtheil oder zur Wurzel gelangt. Man hatte alle Wörter in vier Klassen geordnet: nâman (Nomen, Wort mit Verhältnissformen), âkhyâta (Aussage, Aussagewort), upasarga (angehängte Partikel) und nipâta (indeclinable.Partikel); man hatte den Hauptunterschied zwischen der Natur dieser Klassen untersucht und gefunden, dass ein Namenwort ein Sein (satva) bezeichnen und dass es unabhängig von Zeitrücksicht sei, während ein Aussagewort ein Werden (bhâva) ausdrücke und dass dieses durch seine Beugungsstämme zugleich die Zeit desselben bezeichne. Mit Rücksicht auf die Ableitung des Namenwortes hatten sich zwei Anschauungen geltend gemacht: die ältere, als deren Urheber Çâkaṭâyana genannt wird, ging darauf hinaus, dass alle Namenwörter von Wurzeln abgeleitet seien, welche zugleich als Aussagewörter flectirt werden könnten; während dagegen Gârgya und mit ihm einige Grammatiker behaupteten, dass dies nicht von allen Namenwörtern gelten könne, sondern nur von solchen, deren Ableitung in Uebereinstimmung mit den allgemeinen Gesetzen der Sprache vor sich gegangen sei, wogegen die übrigen Wörter (wie go Kuh, açva Pferd, purusha Mann) Grundwörter seien, deren Ursprung sich nicht erklären lasse. Çâkâṭâyana's Anschauung war die allgemeinste und ihr folgten alle Erklärer (Nairukta) und darunter auch Yâska, welcher die Behauptung seines Lehrers gegen die Einwände der anderen zu vertheidigen sucht*).

---

*) Nirukta 1, 12. 13. Diese Erklärer gingen sehr dreist zu Werke; so leitete Aupamanyava das Wort rishi vou driç ab (2, 11) âgrâyani das Wort akshi, Auge, von caksh, sehen (1, 9); man trug auch kein Bedenken, seine Zuflucht zu zwei oder mehreren Wurzeln zu nehmen; so erklärte Taiṅki das Vedawort bîriṭa durch „Luft" und leitete es von zwei Wurzeln ab, v c und î r, weil die Vögel sich darin bewegten (vayâmsi îranti asmin 5, 27); Çâkapûni leitete agni, das Feuer, von drei Wurzeln ab, a von der Wurzel i, g von a n j oder d a h, und n i von der Wurzel nî (7, 14); Çâkaṭâyana leitete satya von as und i ab u. s. w. Gârgya tadelte diese Zusammenstückung und Yâska räumt auch ein, dass dies im Allgemeinen ein unrichtiges Verfahren sei, glaubt jedoch nicht, dass dies ein gültiger Gegengrund gegen Çâkaṭâyana's

Vor Yâska's Zeit waren die heiligen Lieder gesammelt und man lernte sie wenigstens in zwei Formen, in der Zusammenhangs- und in der Wort-Form. Der Opferdienst hatte eine feste Form angenommen; man hatte Brâhmaṇas, die schon ein so grosses Ansehen gewonnen hatten, dass ein Veda-Lehrer, Kautsa, darin eine Auctorität nicht bloss für den Opferdienst selbst finden konnte, sondern auch für die äussere Gestalt der Lieder, welche zum liturgischen Gebrauche angewandt wurden. Die Veda-Lieder waren Gegenstand der Auslegung geworden; es waren viele abweichende Meinungen vorgebracht, sogar eine sagenhistorische Richtung fand sich vor, nach welcher die Götter als Könige der Vorzeit betrachtet wurden *), Eine Erklärung der Vedawörter war nöthig geworden, und diese war, wie Yâska sagt (1, 15), von Wichtigkeit in Rücksicht auf den rechten Gebrauch der Lieder, da man ohne Kenntniss der Bedeutung der Wörter ihre richtige Betonung und wahre Form nicht mit Sicherheit wissen konnte; wogegen der oben genannte Kautsa behauptete, die ganze Worterklärung sei unnöthig, da die Vedalieder überhaupt keine verständliche Bedeutung haben könnten, für welche Ansicht er unter anderen Gründen anführte, dass sich in ihnen gänzlich unverständliche Wörter fänden. Zwar macht Yâska mit Recht darauf aufmerksam, dass dieser Umstand kein Beweis dafür sei, dass die Lieder der Bedeutung ermangelten, sondern nur einen Mangel hinlänglicher Einsicht bei den Erklärern verrathe **); aber dies zeigt doch zugleich, wie fremd die Vedalieder geworden waren, wie weit man damals von der Zeit entfernt war, wo sie lebendig vor dem Bewusstsein des Volkes standen, wo alle von selbst das verstanden, dessen Bedeutung nun unklar oder vergessen war, und diese Unklarheit oder Vergessenheit erstreckte sich auf häufig vorkommende Ausdrücke, sogar auf solche, welche sich in herkömmlichen und gebräuchlichen Opfer-

---

Anschauung sei, indem es bloss in einzelnen Fällen einen Irrthum der Erklärer zeige, und diese hätten ja nicht die Wörter gebildet, sondern hätten sie nur zu erklären gehabt (1, 14).

*) So werden die beiden Açvins von einigen als Himmel und Erde erklärt, von anderen als Tag und Nacht, von wieder anderen als Sonne und Mond, von den Sagenmännern (aitihâsika) als zwei gute Könige (Nir. 12, 1).

**) Wie Yâska sagt, ist es nicht die Schuld des Balkens, dass der Blinde ihn nicht sieht, sondern dessen eigene (Nir. 1, 16).

der Indischen Geschichte.

formeln fanden *). Man kann Yâska kaum bedeutend weiter in der Zeit herabsetzen als auf etwa 500 v. Chr. G., aber er gehörte schon damals einer weit vorgerückten Zeit der zweiten Periode an, wo die Kastenentwickelung längst abgeschlossen und Ruhe und Stillstand in dieser Hinsicht eingetreten war. Wir haben einige wenige, obgleich dunkle Haltpunkte für ihn in den Lehrern, welche er anführt, in Gâlava und dem älteren Taitiki, in Çâkapûni und den älteren Opferlehrern (7, 23), in Gârgya und Çâkatâyana, von welchen Gârgya, sofern er derselbe ist, welcher eine Wörterform (padapâtha) des Sâmaveda vortrug, noch ein Vorgänger von Çâkalya gewesen zu sein scheint, so dass wir in diesem Falle wenigstens vier Glieder von Yâska bis zu Çâkatâyana hinauf haben würden. Es lässt sich noch nicht entscheiden, wie weit von dem Anfange der zweiten Periode entfernt Yâska angenommen werden darf; aber soviel ist klar, dass ihm selbst die Zeit als sehr alt vorstand, welche die Lieder hervorgebracht hatte, auf deren Erklärung seine Thätigkeit gerichtet war, und es ist ein hoher Grad von Wahrscheinlichkeit dafür, dass zwischen ihm und der Veda-Zeit mehrere Jahrhunderte gelegen haben.

---

*) So findet sich in den Liedern eine allgemeine Eintheilung des Veda-Volkes in fünf Stämme, Geschlechter, Völkerschaften (jana, krishti); diesen Ausdruck erklärt Aupamanyava durch die vier Kasten und die Nishâdas (die ansässigen Bewohner Indiens, welche ausserhalb des Brahmanischen Gemeinlebens standen); aber die Kasten waren der Veda-Zeit fremd. Andere (welche Yâska 3, 8 auch anführt) erklären es durch Gandharva, Pitarah, Deva, Asura und Rakshas, Vorstellungen welche gleichfalls zum Theil in der Veda-Zeit unbekannt waren. Eine dritte Deutung führt Sâyana an (zu Rv. 1, 176, 8), wonach dies Götter, Menschen, heilige Väter, Vieh und Vögel sein sollten. — In einer Opferformel (Vâj. Samh. 21, 43) kommt das Wort çitâma vor, und dies muss irgend ein Stück des Opferthieres bedeuten, aber welches, ist ungewiss; Yâska theilt vier Erklärungen mit: er selbst erklärt es durch Schulter, Çâkapûni durch weiblichen Geschlechtstheil, Taitiki durch Leber, was Gâlava verwirft und es durch Fett erklärt (Nir. 4, 3).

Ueber
Buddha's Todesjahr und einige andere Zeitpunkte in der älteren Geschichte Indiens.

Obgleich der Buddhismus, welcher von Indien ausgegangen ist, eine sehr grosse Ausbreitung bei den zahlreichen Nationen Ost-Asiens gewonnen und eine sehr umfangreiche Litteratur hervorgerufen hat, so herrscht doch die grösste Ungewissheit über die Lebenszeit und über das Todesjahr des Religionsstifters, da wir in den verschiedenen Quellen auf die verschiedensten Angaben stossen. Von dem Brahmanischen Indien können wir keine Aufklärung erwarten, da dasselbe keine Geschichte besitzt und ausser seinem Mythen- und Sagenkreise nur einzelne Erinnerungen an wichtige Ereignisse und merkwürdige Männer bewahrt hat, welche auch noch häufig den Charakter der Sage oder des Abenteuers angenommen haben. Der Buddhismus hatte zwar eine grosse Bedeutung für die Brahmanen-Kaste, da er, ohne das Recht der Kaste auf den ersten Platz im Staate zu bestreiten, doch ihr Uebergewicht gradezu zu vernichten drohete, indem er ihr Vorrecht, die Bewahrer des Glaubens und Lehrer der übrigen Kasten zu sein, aufhob, nachdem Buddha einen eigenen Lehrer- und Priesterstand gebildet hatte, welcher allen offen stand und in welchem jeder, selbst aus der niedrigsten Kaste, durch Frömmigkeit und persönliche Verdienste und Tüchtigkeit die höchste Stellung erreichen konnte. Aber gefährlich wurde der Buddhismus der Brahmanen-Kaste erst lange nach Buddha's Tode, als er grosse Fortschritte machte und mächtige Könige als seine Bekenner auftraten und seine Ausbreitung förderten. Die Brahmanische Litteratur hat daher zwar einzelne Erinnerungen an diese Fürsten und an Buddha's Zeit bewahrt, wie auch an den langwierigen Kampf gegen den Buddhismus, welcher mit dessen vollständiger Ausrottung auf dem ganzen Festlande Vorder-Indiens endete; aber über den bestimmten Zeitpunkt für den Anfang des Buddhismus haben wir keine Gewissheit. Es ist eine rein willkürliche Annahme der Brahmanen, wenn sie nach dem chronologischen Systeme, welches sich in einer späten Zeit bei ihnen entwickelt hat, (welchem zufolge ihre heilige Sagengeschichte mit dem vorhergehenden dritten Weltalter oder mit dem Jahre 3101 v. Chr. G. abschloss, womit nach ihrer Annahme das jetzige oder vierte Weltalter beginnt) Buddha's Todesjahr 2100 Jahre nach demselben ansetzen. Diese Ungewissheit ist alt in Indien; denn als der chinesische Pilger Hjun-Thsang um das Jahr 630 n. Chr. G. die heiligen Stätten des Buddhismus in Indien besuchte, bemühete er sich vergebens um Aufklärung über Buddha's Todesjahr, indem einige ihm angaben, dass von jenem Zeitpunkte bis damals 1500 Jahre verflossen seien, andere glaubten 1200, und noch andere meinten nur zwischen 900 und 1000 Jahre, so dass da also ein Unterschied von 600 Jahren in der Zeitangabe war.

Ausserhalb Indiens haben wir in Tibet ein ganz Buddhistisches Land, angefüllt mit Buddistischen Klöstern und Priestern, wo das anerkannte Oberhaupt der nördlichen Kirche jetzt seinen Sitz hat. Tibet ist voll von Buddhistischer Gelehrsamkeit und hat eine besonders umfangsreiche Litteratur, und obwohl der Buddhismus erst in späterer Zeit von Indien aus dort eingeführt ist, so ist doch diese Litteratur von grösserer Bedeutung, weil sie grösstentheils aus Uebersetzungen älterer in Indien verfasster Werke besteht, deren einige in Nepal wiedergefunden worden sind. Wir haben jedoch von der Seite keine allgemein angenommene Angabe von Buddha's Todesjahr, dagegen aber 14 verschiedene, welche von 2422 bis 546 (oder 544) v. Chr. G. gehen. Diese grosse Mannigfaltigkeit verräth deutlich den Mangel an Sicherheit und zeigt, dass man in Tibet bei den Versuchen, die Wahrheit über diesen Punkt zu finden, eben so wie in späterer Zeit in Indien, wirklich historischer Quellen ermangelte, oder nicht verstand, sie zu benutzen, und daher darauf hingewiesen war, willkürliche Annahmen auf Sagen und Legenden zu bauen, zu denen man dann noch eine einzelne Angabe (546 oder 544) gefügt hat, die von anderswo dahin gekommen war.

Von grösserer Bedeutung scheinen die Angaben der Chinesen zu sein, da dies Volk eine wirkliche Geschichte gehabt haben soll, welcher ein sehr hoher Grad von Zuverlässigkeit und Genauigkeit beigelegt wird, welche ausserdem in der Zeit sehr weit zurückgeht und jedenfalls sehr frühe in ein System gebracht ist. Indessen finden sich auch hier über Buddha's Todesjahr mehrere Angaben, die sich aber um das Jahr 950 v. Chr. G. drehen, welches das gewöhnlichste ist, und wobei noch das Regierungsjahr des gleichzeitigen Chinesischen Kaisers genannt wird, in welchem das Ereigniss stattfand. Ferner haben wir aus China ein Verzeichniss von 33 Buddhistischen Patriarchen oder Kirchenoberhäuptern von Buddha's Tod, 950 v. Chr. G. bis 713 n. Chr. G., von denen die ersten 27 sich ausserhalb China's aufhielten und der 28ste aus Indien nach China kam, wo er starb, ebenso wie seine fünf Nachfolger; und diesem Verzeichnisse wird häufig ebenfalls die Angabe des Regierungsjahres des Chinesischen Kaisers beigefügt. Diesem Verzeichnisse fehlt indess alle historische Glaubwürdigkeit[*]); es ist wahrscheinlich erst lange nach 713 verfasst und gehört zu den vielen Versuchen, welche gemacht worden sind, aus Mythen und Sagen, Legenden und Abenteuern eine wirkliche Geschichte mit genauer Zeitangabe zu machen. Jene Angabe von 950 als Buddha's Todesjahr gründet sich augenscheinlich auf eine in China erhaltene und natürlich auch dort entstandene Prophezeihung Buddha's selbst, dass seine Lehre 1000 Jahre nach seinem Tode in China eingeführt werden werde. Da nun nach Chinesischen Berichten die ersten Missionäre im Jahre 39 n. Chr. G. nach China kamen und 20 Jahre darauf der Kaiser sich dieser Lehre anschloss, musste als Folge davon Buddha's Todesjahr 1000 Jahre vorher eingetroffen sein, und da war es leicht, nach dem chronologischen Systeme das entsprechende Regierungsjahr des damals herrschenden Kaisers zu finden.

Während so in der nördlichen Kirche allgemeiner Zwiespalt in den Angaben von Buddha's Todesjahr herrscht, findet sich vollständige Uebereinstimmung in der südlichen Kirche, in Hinter-Indien und Ceilon, wo dieser Zeitpunkt auf den Mai des Jahres 543 v. Chr. G. gesetzt wird. Die Uebereinstimmung hat indessen

---

[*]) Was Chr. Lassen hinlänglich dargethan hat in seiner Indischen Alterthumskunde 2, 87 u. f.

hier nicht soviel zu bedeuten; denn in Hinter-Indien hat man dieses Jahr, sowie überhaupt alles, was man über Indiens alte Geschichte weiss, zugleich mit dem Buddhismus von Ceilon angenommen, wo Buddha's Lehre seit ihrer Einführung daselbst bis auf unsere Tage die herrschende gewesen ist, und dort also müssen wir uns nach Aufklärung über die Gründe umsehen, auf welchen diese Angabe etwa beruhet. Da man sehr frühe davon abkam, der Geschichte Indiens ein Chinesisches oder Aegyptisches Alter beilegen zu wollen und da es sich herausstellte, dass Buddha's Todesjahr, wenn auch jung in der Geschichte Indiens, doch der älteste Zeitpunkt sei, welcher wenigstens ungefähr bestimmt werden könne, so hat man sich gewöhnlich an die Singhalesische Angabe mit grösserer Bereitwilligkeit angeschlossen, als man unter anderen Umständen gethan haben würde, und man hat eine Stütze für die Richtigkeit dieser Angabe darin gesucht, dass jenes Jahr 543 v. Chr. G. eine praktische Anwendung gefunden hat, da es der Ausgangspunkt der Singhalesischen noch gebräuchlichen Zeitrechnung ist. Dieser Umstand würde unleugbar einen entscheidenden Beweis für die Richtigkeit des Ausgangspunktes abgeben, wenn man wirklich gleich von Buddha's Tod angefangen hätte, die Jahre von da an zu zählen und ohne Unterbrechung dabei geblieben wäre. Wenn aber dies nicht der Fall ist, wenn die Zeitrechnung erst später eingerichtet ist, so dass man also allein durch historische Untersuchungen und chronologische Berechnungen bis zu dem Ausgangspunkte hinauf gelangen konnte, so giebt der Gebrauch der Zeitrechnung selbst keinen Beweis für die unbedingte Richtigkeit derselben ab, sondern zeigt bloss, dass man in der Zeit, wo die Zeitrechnung eingerichtet wurde, jenen Punkt für den richtigen oder jedenfalls für den wahrscheinlichsten hielt. Wir brauchen in dieser Hinsicht nur auf unsere eigene Zeitrechnung hinzusehen, deren Anfangsjahr nicht mit dem Geburtsjahr des Erlösers zusammenfällt, von welchem sie doch ausgehen sollte*). Wenn nun auch, wie es scheint, die Buddhisten wirklich angefangen haben, die Jahre von Buddha's Heimgang zu zählen, so haben sie doch bald damit aufgehört, und die Singhalesische Zeitrechnung leidet

---

*) Wie schon M. Müller hervorgehoben hat, in Ancient Sanscrit Literature p. 264.

an solchen Mängeln, dass es nicht anders sein kann, als dass sie sich auf spätere Berechnungen gründet, und wir können zum Theil auch einzelne Grössen nachweisen, durch deren Summirung man zu dem Resultate gekommen ist, dass Buddha's Todesjahr 543 v. Chr. G. (oder jetzt, 1860, vor 2403 Jahren) war.

Der Buddhismus erhielt gleich nach seiner ersten Verkündigung auf Ceilon dort eine grosse Ausbreitung, und die Frömmigkeit seiner neuen Bekenner bauete dort viele Klöster (vihâra), deren Mönche, namentlich in zwei Klöstern bei Anurâdhapura, der alten Hauptstadt der Insel, sich schon von früher Zeit an auch mit der Geschichte der Insel beschäftigt zu haben scheinen, besonders soweit sie die Kirche anging, und wir haben daher in dieser Richtung einzelne Werke, welche jedoch auf Ceilon äusserst selten sind. Das älteste ist Dipavansa, welches mit Mahâsena's Tode schliesst (der auf 844 Jahre nach Buddha angesetzt ist), aus welchem nur einzelne Auszüge veröffentlicht sind. Es ist in Pâli in gebundener Rede geschrieben, und ist älter, als der herausgegebene Mahâvansa, aber die Zeit seiner Abfassung ist unbekannt, ebenso wie sein Verfasser; höchst wahrscheinlich ist es aber dasselbe, oder nahe verwandt mit dem ebenfalls in Pâli abgefassten Mahâvansa aus Uttara-vihâra bei Anurâdhapura, welchen der Verfasser des herausgegebenen Mahâvansa kannte und zugleich mit einer Singhalesischen Erklärung benutzte*). Dieser Verfasser hiess Mahânâma und war nach seiner eigenen Angabe ein Geistlicher, Klosterbruder in Mahâvihâra ebenfalls bei Anurâdhapura, und er war ein Mutterbruder des Königs Dhâtusena, welcher, nachdem er die fremden Tamulischen Eroberer verjagt hatte, 18 Jahre über die Insel regierte, welche auf 1002—1020 nach Buddha (oder 459—477 n. Chr. G.) berechnet werden. Mahânâma's Quellen waren, ausser der genannten, vornehmlich eine von den Klosterbrüdern in Mahâvihâra in Singhalesischer Sprache, zugleich mit einer dazu gehörenden Erklärung, abgefasste Geschichte, die auch den Namen Mahâvansa führte, welche Mahânâma in die heilige Pâli-Sprache übersetzte, jedoch so, dass er das Unrichtige berichtigte und das Mangelhafte verbesserte; und zugleich verfasste er, ebenfalls in Pâli, einen ausführlicheren prosaischen Commentar zu seinem in

---

*) G. Turnour, Examination of the Pâli buddhistical annals, Nr. 4, pag. 3.

Verson abgefassten Hauptwerke. Die Einrichtung dieses letzteren stimmt mit dem älteren, oben genannten Dipavansa überein; beide enden mit Mahásena's Tod und erzählen die Geschichte Ceilon's von der ersten Bebauung der Insel durch eine Colonie aus dem Arischen Indien, und beide schicken als Einleitung die Geschichte Magadha's und der Kirche voraus, von Buddha bis zu der Zeit, wo der Buddhismus nach Ceilon gebracht wurde. Von Mahánáma's Erklärung, welche äusserst selten ist, sind nur einzelne Auszüge bekannt, dagegen ist das Werk selbst im Jahre 1837 auf Ceilon nach einer dort befindlichen Handschrift herausgegeben von G. Turnour, der sich durch seine Bemühungen um die Aufklärung der Geschichte des südlichen Buddhismus grosse Verdienste erworben hat. In der Königl. Bibliothek zu Kopenhagen befindet sich eine zweite Handschrift, welche Rask nach Hause gebracht hat. Eine dritte Handschrift liegt der nachlässig ausgeführten Bearbeitung zu Grunde, welche Sir Alex. Johnston in Singhalesischer Sprache verfassen liess, als er Ober-Richter auf Ceilon war, und welche später in das Englische übersetzt wurde von E. Upham*). Ungefähr 50 Jahre älter als Mahánáma ist Buddhaghosha, einer der berühmtesten Priester in der südlichen Kirche, sowohl auf Ceilon wie in Hinter-Indien. Er kam aus dem Innern Indiens und hielt sich in Mahávihára auf, wo er die Singhalesische Erklärung, welche der erste Apostel der Insel, Mahendra, zu den in Páli abgefassten heiligen Büchern verfasst hatte, in die heilige Páli-Sprache übersetzte**), und in dieser Erklärung finden sich hie und da auch einzelne Angaben aus der Geschichte sowohl von Ceilon, wie von Magadha. Die ältesten Quellen stammen somit alle aus demselben Orte, Anurâdhapura, und wenn sie auch zuweilen in Einzelheiten etwas abweichen, so folgen sie doch im Ganzen einem und denselben chronologischen Systeme, welches also damals das allgemein angenommene gewesen sein muss, und welches offenbar schon damals von der Voraussetzung ausging, dass Buddha in oder um 543 v. Chr. G. gestorben sei, oder dass damals eine so lange Zeit verflossen gewesen sei, dass Buddha's Tod in oder nicht lange von dem angeführten Jahre eingetroffen gewesen sein

---

*) Sacred and historical books of Ceylon, 3 vols. London 1833.
**) Mahávansa 37, 227.

müsse. Dagegen scheint es nicht, dass die Singhalesische Zeitrechnung in jener Zeit schon eine praktische Anwendung gefunden habe, wenigstens ist sie nicht benutzt in diesen Quellen, welche nur die Regierungszeit der einzelnen Könige nebst der Länge einzelner Zeiträume angeben, und ich kenne keine einzige Singhalesische Inschrift, in welcher eine bestimmte Zeitangabe die Zeit der Anwendung jener Rechnung zeigte.

Die Zeit von Buddha's Tod, welcher gleichzeitig mit der Anbauung der Insel durch eine Arische Einwanderung gesetzt wird, bis auf Mahâsena's Tod ist folgendermassen vertheilt:

1) von Buddha's Tod bis zur Einführung des Buddhismus kurz nach Mutasiva's Tod ist angegeben . 236 Jahre — M. — T.
2) von der Einführung des Buddhismus bis zu Vartagâmani's Wiedereinsetzung auf den Thron, 18 Regierungen, zusammen . . . . 218 ‚ 9 ‚ 10 ‚
3) von Vartagâmani bis auf Sirinâga's Tod, 30 Regierungen, zusammen 291 ‚ 6 ‚ — ‚
4) von Vyavahâratissa bis auf Mahâsena's Tod, 9 Regierungen, zus. 89 ‚ — ‚ — ‚

835 Jahre 3 M. 10 T.

Turnour hat die Vermuthung ausgesprochen, dass bei König Dushtagâmani's Zeit 382—406 Buddh. (oder 161 – 137 v. Chr. G.) kein Grund sei, an der Richtigkeit der Singhalesischen Zeitrechnung zu zweifeln*). Dies darf indessen nicht für so entschieden angenommen werden. Die oben angeführten vier Zeiträume werden in ihrer Summe von zwei späteren Singhalesischen Geschichtswerken angegeben, nämlich von der Râja-ratnakari auf 844 Jahre 9 Monate 20 Tage, und von der Râjâvali auf 844 J. 9 M. 25 T. **), also mit einem Unterschiede von beinahe 10 Jahren; aber dennoch liegt diese Berechnung der folgenden Zeitrechnung zu Grunde, so dass angenommen wird, dass seit jener Zeit bis jetzt (1860) 1559 Jahre verflossen sind. Es kommt mir indessen wahrscheinlich vor, dass auch diese Zeit eine etwas

---

*) Mahâvansa, Einl. p. 61.
**) Upham, Sacred books, 2, p. 67 u. 238. 239.

zu grosse Ausdehnung empfangen hat*), und dass Mahâsena's Tod folglich um einige Jahre zu weit zurückgeschoben ist. Von dem erwähnten Unterschiede von 10 Jahren fallen vier innerhalb des oben angeführten vierten Zeitabschnittes; denn wir haben eine ältere Summe, die sich aber auch nicht im Mahâvansa findet, zufolge welcher seit Buddha's Todo 752 Jahre 4 Monate 10 Tage verflossen waren bis zu der Ketzerei von Vaitulya, die im ersten Regierungsjahre Vyavahâra-tissa's enstand**). Summirt man die einzelnen Angaben des Mahâvansa für die vorangehenden Zeitabschnitte, so kommen nur 746 J. 3 M. 10 T. heraus bis zum Regierungsantritte Vyavahâra-tissa's, welche zwar übereinstimmen in Rücksicht auf die Monate und Tage, da die Ketzerei in seinem ersten Jahre als beim Ablauf des ersten Monats entstanden angenommen wird; dagegen ist in der Zahl der Jahre ein Unterschied von 6 Jahren. Aber von den 30 Regierungen, welche den dritten Zeitabschnitt ausfüllten, wird bei keiner die Zahl der Tage angegeben (die 10 Tage rühren aus dem zweiten Zeitabschnitte her), nur bei 9 werden die Monate angegeben, für die übrigen 21 nur die vollen Jahre, so dass die Summirung nicht ganz genau sein kann***)

In Rücksicht auf den zweiten Zeitabschnitt finden sich im Mahavansa, ausser dem Zeitumfange der unten angeführten

---

*) So werden dem Kirtisena (bei Turnour, Einl. p. 63) 9 Jahre beigelegt, vom Jahre Buddha's 1065—1074; aber sowohl die Kopenhagener Handschrift des Mahâvansa (40, 4) wie Upham (1, 242) hat nur neun Monate.

**) Mahâvansa, p. 226; Upham 2, 60.

***) Die einzelnen Regierungen sind von Turnour (Einl. p. 61—62) mit den Reihenzahlen 21—45 augeführt. Die Ungenauigkeiten, welche sich dort finden, sind mit einer anderen Abweichung folgende:

Nr. 21. Vartagâmani regierte nicht 12 J. 5 M., sondern nur 12 J. (Mah. 33, 104.)

Nr. 25. Anulâ und ihre vier Buhlen haben zusammen nicht 5 J. 4 M., sondern nur 4 J. 3 M. (Mah. 34, 17 u. f.)

Nr. 43. Cuddanâga hat nicht 10, sondern nur 2 J. (Mah. 36, 18).

Nr. 39. Dem Gajabâhu werden (Mah. 35, 115) 12 J. (dvâdasa-vassâni) in seinem Texte beigelegt; aber unsere Handschrift hat 22 J. (dvavîsavassâni), und da dieselbe Zahl sich bei Upham (1, 228) findet, so bin ich in der oben augeführten Summirung dieser Angabe gefolgt.

Der ganze Unterschied von Turnour ist nicht bedeutend; er hat zu viel angegeben: Nr. 21. 5 M. + Nr. 25. 1 J. 1 M. + Nr. 43. 8 J. = 9 J. 6 M., dagegen zu wenig Nr. 39. 10 J., im Ganzen 6 Monate zu wenig.

18 Regierungen*), noch zwei andere bestimmte Zeitangaben. Der Buddhismus wurde zuerst auf Ceilon verkündet, kurz nachdem der erste der Könige dieses Zeitabschnittes die Regierung angetreten hatte, und dieser liess gleich darauf das grosse Kloster Mahâvihâra erbauen (Mah. 15, 225 u. f.). Späterhin, als Vartagâmani, nachdem er den letzten der Könige dieses Abschnittes gestürzt, den Thron wiedergewonnen hatte, liess er das Kloster Abhayagiri bauen, und da heisst es (Mah. 33, 80), dass zwischen der Erbauung der beiden Klöster 217 Jahre 10 Monate und 10 Tage verflossen seien. Da die angegebenen Regierungszeiten in diesem Abschnitte zusammen 218 J. 9 M. 10 T. ausmachen und demnach von dem Schlusse des ersten Jahres Devânampriya-Tissa's 217 J. 9 M. 10 T. verflossen waren, so muss die Erbauung des Klosters Abhayagiri mit dem Ablauf des ersten Monats von Vartagâmani's Regierung eingetreten sein, oder so viel später, als die Erbauung von Mahâvihara sich in das zweite Jahr von jenem hineingezogen hatte. Dies scheint nun eine sehr grosse Genauigkeit in den Zeitangaben zu sein. Sieht man aber auf die Regierungszeit, welche jedem der 18 Könige dieser Periode beigelegt wird, so findet sich nur bei einem einzigen eine Angabe

---

*) Die Regierungen dieses Abschnittes sind folgende:

	J.	M.	T.	
Devânam-priya-Tissa	40	—	—	
Uttiya	10	—	—	Bruder des vorigen.
Mahâsiva	10	—	—	desgl.
Sûratissa	10	—	—	desgl.
Sena und Guttika	12	—	—	zwei Tamulische Eroberer.
Asela	10	—	—	jüngerer Bruder der vier ersten, der neunte von den 10 Söhnen ihres Vaters.
Elâra	44	—	—	Tamulischer Eroberer.
Dushtagûmani	24	—	—	Enkel des Enkels eines Bruders des Asela und seiner Brüder.
Saddhâtissa	18	—	—	Bruder des vorigen.
Thûlathanaka	—	1	10	sein jüngerer Sohn.
Lajjitissa	9	8	—	dessen älterer Bruder.
Khallâtanâga	6	—	—	ein anderer Bruder.
Vartagâmani	—	5	—	ein dritter Bruder, von den fünf folgenden Tamulischen Eroberern vertrieben.
Pulahattha	3	—	—	
Bâhiya	2	—	—	jeder dieser vier war Minister und Mörder des vorangehenden; der letzte wurde von Vartagâmani getödtet.
Panayumâra	7	—	—	
Piliyamâra	—	7	—	
Dhâtiya	2	—	—	

in Tagen, nämlich bei Thûlathanaka, der nach einer Regierungszeit von 1 M. 10 T. von seinem älteren Bruder Lajji-tissa getödtet wurde, worauf dieser 9 J. 8 M. regierte (Mah. 33, 19. 28). Ausser bei diesen beiden findet sich eine Angabe in Monaten nur noch bei zwei anderen, bei Vartagâmani 5 M. und bei Piliyamâra 7 M.; bei den übrigen 14 Königen ist die Regierungszeit nur in vollen Jahren angegeben. Die bestimmte Angabe von 217 J. 10 M. 10 T. kann daher nicht vollkommen genau sein, da sie das Resultat unvollständiger Angaben von Einzelheiten ist. Indessen liegt die Annahme nahe, dass man in Mahâvihâra, von wo unsere Quellen grösstentheils stammen, genau habe Rechenschaft geben können von dem Verlaufe der Zeit, ohne grade sehr besorgt gewesen zu sein, die genaue Regierungszeit der weltlichen Fürsten, welche in dem Lande und in derselben Stadt herrschten, zu behalten; so dass man dort bestimmt wissen konnte, dass in dem angegebenen Zeitraume wirklich 217 J. 10 M. 10 T. verflossen waren, wonach man dann die ungefähren Angaben der Regierungszeit der Könige dieser Periode berichtigte oder womit man sie in Uebereinstimmung brachte. Dies kann jedoch nicht der Fall gewesen sein. Da der erste der genannten Könige gleichzeitig war mit dem Indischen Könige Açoka, dessen Regierungszeit wir mit Bestimmtheit wissen, so ist es klar, dass die Zeit von jenem um 60 Jahre zu weit zurückgeschoben ist. Damit also jene Annahme Gültigkeit haben und die Zeitangabe von 217—218 Jahren richtig sein könne, muss der Fehler nach Vartagâmani begangen und dort also ein Zeitraum von 60 Jahren verdoppelt worden sein. Aber obgleich es wahrscheinlich ist, dass auch Vartagâmani etwas zu weit in der Zeit zurückgeschoben ist, so ist es doch völlig unwahrscheinlich, dass der Fehler hier alle jene 60 Jahre umfasst. Die Angaben, welche wir über den zweiten Zeitabschnitt haben, weisen deutlich darauf hin, dass ein Theil, und zwar wohl der grösste Theil des Fehlers grade diesen, und namentlich seinen Anfang treffen. Wir haben da nämlich zuerst Devânam-priya-Tissa mit 40 Jahren, danach seine drei jüngeren Brüder (Uttiya, Mahâsiva und Sûratissa), jeden mit 10 Jahren, und endlich nach einem Verlauf von 22 Jahren den vierten Bruder (Asela) ebenfalls mit 10 Jahren. Dass von fünf Brüdern der eine 40 J. regiert und jeder der vier anderen grade 10 Jahre geherrscht haben sollte, alle zusammen eben so viele

Jahre, wie der älteste Bruder, ist wenig wahrscheinlich. Aber völlig unwahrscheinlich ist es, wenn der jüngste der Brüder (Asela) nach diesen Angaben erst 102 Jahre nach dem Tode des Vaters (Mûtasiva) stirbt, und im Mahâvansa wird ausdrücklich gesagt, dass er der neunte von den 10 Söhnen Mûtasiva's mit derselben Frau war (Mah. 21, 12); so dass es scheint, als könne hier von Mahânâma's Seite kein Missverständniss obwalten, obgleich dort (22, 2 u. f.) vier Familienglieder (Mahânâga,, Yatthâlatissa, Gothâbhaya und Kâkavarnatissa) angeführt werden zwischen demselben Mûtasiva und Dushtagâmani, welcher 44 Jahre nach Asela's Tode den Thron erlangte.

Eine andere Berechnung des Regierungsjahres des Devânampriya-Tissa erscheint vielleicht in der Angabe des Lebensalters, welches dem Mahendra und seiner Schwester Sanghâmitrâ beigelegt wird. Da diese die ersten Verkünder des Buddhismus auf Ceilon waren und da derselbe dort schnell Wurzel fasste und sich namentlich durch ihre eifrigen Bemühungen ausbreitete, würde es ganz natürlich sein, wenn man sich die einzelnen Zeitabschnitte in ihrem Leben besonders gemerkt und treu im Gedächtnisse bewahrt hätte. Nach der Singhalesischen Erzählung waren sie Kinder von Dharmâçoka und der Tochter eines angesehenen Bürgers und wurden in Ujjayini geboren, während Dharmâçoka bei Lebzeiten seines Vaters Unterkönig in der Provinz Avanti war (Mah. 13, 10). Als ihr Vater den Thron bestiegen hatte und als Beschützer des Buddhismus aufgetreten war, traten sie beide in dem sechsten Jahre nach seiner Salbung in den geistlichen Stand, und da wird sein Alter auf 20 Jahre und das seiner Schwester auf 18 Jahre angegeben (Mah. 5, 206. 211). Zwölf Jahre später, im achtzehnten Jahre nach der Salbung ihres Vaters, kamen sie nach Ceilon, er also 32 und sie 30 Jahre alt, und blieben dort bis zu ihrem Tode. Mahendra starb am achten Tage nach dem Neumonde im Monate Açvayuj (September — October) im achten Regierungsjahre des Königs Uttiya und sein Todestag wurde seitdem jährlich durch ein Erinnerungsfest gefeiert. Sie starb im folgenden Jahre und beide wurden auf Veranstaltung des Königs mit grosser Pracht und Feierlichkeit zum Scheiterhaufen getragen, in der Nähe von Anurâdhapura, wo Dagobe über ihren Ueberbleibseln errichtet wurden (Mah. 20, 32 u. f.). Er soll damals 60 Jahre und sie 59 Jahre alt gewesen sein (sa*tth*ivasso 20, 32 und ckûna-sattivassâ 20, 49), es war also 28 und 29 Jahre nach ihrer Ankunft auf der Insel, und folglich konnte danach Devânam-priya-Tissa nur 20 Jahre regiert haben, da die Angabe von Uttiya's achtem und neuntem Regierungsjahr zu speciell ist, als dass man sie verwerfen könnte. Da indessen die gewöhnliche Angabe dem Devânam-priya-Tissa 40 Jahre zuschreibt und jene folglich danach etwa 20 Jahre älter gewesen sein müssen, als dort angegeben wird, so hat man schon von früher Zeit her die bei ihnen angegebenen Jahre nicht als ihr ganzes Lebensalter erklärt, sondern nur als ihre Lebenszeit nach ihrem Eintritte in den geistlichen Stand, eine Erklärung, welche der Verfasser des Mahâvansa selbst in seinem Commentare vor Augen gehabt hat, wenn wir nach der Uebersetzung des Herausgebers schliessen dürfen (while observing his sixtieth vasso since his ordination). Und diese Erklärung kann passen zu der Angabe des Alters sowohl des Mahendra wie seiner Schwester, unter der Voraussetzung, dass sie von der geistlichen Einweihung gerechnet wird, welche bei Sanghâmitrâ erst zwei Jahre später als bei ihrem Bruder stattfand*). Aber die Singhalesischen Ausleger scheinen eher von dem Zeitpunkte an gerechnet zu haben, als die beiden zuerst in den geistlichen Stand traten und der Welt entsagten; denn da die Schwester, welche zwei Jahre jünger war, an demselben Tage mit dem Bruder in den geistlichen Stand trat, und ein Jahr länger lebte als er, so muss sie nach ihrem Eintritt in den geistlichen Stand nicht 59, sondern 61 Jahre gelebt haben, und gerade diese Zahl von Jahren wird in dem Singhalesischen Auszuge des Mahâvansa angegeben, welcher Upham's Englischer Uebersetzung (1, 106) zu Grunde liegt, und Turnour hat dies auch wohl in Mahânâma's Erklärung gefunden, da er in seiner Uebersetzung (p. 126) durch eine Unaufmerksamkeit dahin gekommen ist, zu sagen: in the sixty ninth year of her ordination. Der Text aber hat, wie oben bemerkt, sowohl in der Ausgabe, wie in unserer Handschrift, nur: sa*tth*i-vassa und ekûnasa*tth*i-vassa, 60 und 59 Jahre alt; und da Devânam-priya-Tissa um 60 Jahre zu weit in der Zeit zurückgeschoben ist, so liegt es nahe, die Angabe von 20 Jahren für seine Regierungszeit, welche aus der Erzählung über diese beiden Apostel hervorgeht,

---

*) Turnour, Analysis of Dîpavansa, p. 13.

als die ältere und richtigere Ueberlieferung anzunehmen. Der Verfasser des Mahâvansa hat indessen bestimmt die andere Angabe von 40 Jahren vor Augen gehabt, wie dies auch aus der anderen Zeitangabe hervorgeht, welche er in der zweiten Periode hat, indem dort (27, 6) eine Prophezeihung Mahendra's erwähnt wird, dass Dushtagâmani nach Verlauf von 146 Jahren*) ein gewisses Gebäude errichten werde; denn der ganze Abschnitt von Devânam-priya-Tissa bis auf diesen König umfasst nach den einzelnen Angaben grade 146 Jahre und diese Zeitangabe ist offenbar grade durch die Summirung dieser Einzelheiten herausgekommen. Da nun Vartagâmani's Regierungszeit nicht so weit in der Zeit herabgerückt werden kann, als Devânam-priya-Tissa's Regierungszeit zurückgeschoben ist, so können in dem öfter erwähnten Zeitabschnitte nicht, wie angegeben ist, 217—218 Jahre verflossen sein, sondern diese Zahl kann allein das Resultat einer Summirung der oben angeführten unsicheren (vermutheten und errathenen) Zahlgrössen sein. Man kann daher von den Singhalesischen Angaben, wie bestimmt sie auch aussehen, zu keinem sicheren Resultate gelangen, weder über die Zeit, in welcher der Buddhismus zuerst nach der Insel gebracht wurde, noch über die nächstfolgende, und daher durch dieselben auch keinen sicheren Ausgangspunkt zur Bestimmung von Buddha's Todesjahr erreichen. Dies ist auch im Ganzen genommen von geringerer Wichtigkeit, da die Insel nie eine Rolle in der Weltgeschichte gespielt hat und da grade Devânam-priya-Tissa gleichzeitig mit dem Indischen Könige Açoka war, dessen Zeitalter mit grosser Genauigkeit aus anderen Quellen bestimmt werden kann und welcher daher einen sichern Ausgangspunkt darbietet.

Ist die Zeitrechnung unsicher in dem zweiten Abschnitte der Singhalesischen Geschichte, so ist dies noch mehr der Fall bei dem ersten, welcher 236 Jahre von Buddha's Tode und der ersten Bebauung der Insel durch eine Arische Kolonie oder Einwanderung umfassen sollte; und die ganze Erzählung, so wie sie sich in Mahâvansa Cap. 6—11 findet, trägt deutlich das Gepräge der Sage und Dichtung. Es wird dort nämlich erzählt,

---

*) Die Ausgabe hat: cha-cattâlisa-satam; unsere Handschrift lässt allerdings weniger richtig das Wort cha (sechs) aus, und hat also nur 140 Jahre. Der Unterschied ist bedeutungslos, da der Ausgangspunkt in Devânam-priya-Tissa's Regierungszeit nicht angegeben ist.

dass der König von Vanga (dem südlichen Bengalen) mit einer Königstochter aus dem Nachbarlande Kalinga verheiratet war. Deren Tochter machte den Eltern grosse Sorge durch ihre Leichtfertigkeit und entfloh zuletzt heimlich mit einer Karawane, welche nach Magadha zog, aber auf dem Wege dahin im Reiche Lâla von einem Löwen (siha) überfallen wurde. Da dieser von der Schönheit der Königstochter eingenommen wurde, folgte sie ihm willig in seine Höhle und gebar ihm dort einen Sohn (Sihabâhu, Löwenarm) und eine Tochter (Siha-sivali, Löwenblume), welche beide an Händen und Füssen einem Löwen ähnlich waren *). Als der Sohn 16 Jahre alt war, entfloh er mit seiner Mutter und Schwester und sie wurden von den Verwandten der Mutter mit Freuden aufgenommen. Nachdem er darauf seinen Vater getödtet, welcher aus Erbitterung über ihre Flucht das Land verheerte, heiratete Sihabâhu seine Schwester und baute in seinem Geburtslande Lâla **) die Stadt Sihapura (Löwenstadt), wo sie ihm 16mal Zwillinge, 32 Söhne gebar, von denen der älteste, Vijaya, als er heranwuchs, zum Unterkönig ernannt wurde. Aber er war von sehr heftigem Charakter und zeigte eine so gesetzlose Aufführung, dass der Vater ihn zuletzt fortjagen musste. Er setzte den Sohn mit seinen 700 Genossen an Bord eines Schiffes, ihre Frauen auf ein zweites und ihre Kinder auf ein drittes Schiff. Die Schiffe gelangten nach verschiedenen Oertern; die Kinder landeten in dem unbekannten Naggadipa und liessen sich dort nieder; die Frauen in dem gleichfalls unbekannten Mahinda, wogegen die Männer, nachdem sie Suppâraka (Çûrpâraka) berührt hatten, endlich ermattet von der Reise in Tambapanni landeten, an demselben Tage, an welchem Buddha in das Nirvâna einging. Buddha sah auf seinem Sterbelager umringt von den Göttern was da vorging und was die Zukunft mit sich bringen

---

*) Hiervon soll Ceilon seinen Indischen Namen Sihalâ bekommen haben; der ältere auch in der Brahmanischen Litteratur bekannte Name war Lankâ. Die Stelle, wo Vijaya landete, hiess Tambapanni, Tâmraparni, wovon die ganze Insel den Namen Ταπροβάνη bekam.

**) Die Sage schmilzt die östliche und westliche Küste Indiens zusammen. Vanga liegt auf der Ostseite und grenzt an Magadha, wogegen Lâla, welches offenbar das Sanskrit Lâṭika, das Griechische .ιαριχή ist, auf der westlichen Küste lag und daher nicht auf dem Wege von Vanga nach Magadha gelegen haben kann. Ein Çûrpâraka fand sich sowohl auf der Ost- wie auf der Westküste. Vergl. Lassen, Ind. Alterth. 2, 97.

werde, und legte es daher dem Gotte Çakra oder Indra auf, Vijaya
und Lankā zu beschützen. Auf Çakra's Befehl begab sich der
Gott Uppalavanna (Utpalavarna, der Lotusfarbige) nach der Insel,
wo er in der Gestalt eines Bettelmönches die Kommenden empfing
und sie gegen die Zauberei der Insel schützte indem er eine Schnur
um den Arm eines jeden band. Die Insel war damals von Riesen
(Yaksha) bewohnt; eine Riesin hielt sich in der Nähe der Lan-
dungsstelle auf und ihre Dienerin näherte sich in Hundegestalt
den Männern Vijaya's. Einer von diesen folgte ihr in dem Gedanken, dass, wo Hunde wären auch Menschen sein müssten,
und kam an einen See, wo die Riesin sass und spann in der
Gestalt einer Büssenden. Der Mann badete sich in dem See und
trank von dem Wasser und kam dadurch zum Theil in die Gewalt der Zauberei; denn wegen der Schnur, welche der Gott
ihm um den Arm gebunden hatte und welche er nicht abnehmen
wollte, war sie nicht im Stande ihn aufzufressen, aber sie warf
ihn in eine unterirdische Höhle. Ebenso ging es den übrigen
Männern Vijaya's. Dieser ahnte endlich Unrath, folgte der Spur
seiner Männer und erblickte die Riesin an dem See; aber er liess
sich nicht verlocken zu baden und zu trinken, sondern ergriff sie
und zwang sie, ihm alle seine Männer zurückzugeben. Sie gab
sich darauf dem Vijaya ganz hin in der Gestalt eines jungen,
reizenden Mädchens, gebar ihm einen Sohn und eine Tochter und
unterstützte ihn in einem Verheerungskriege gegen seine eigenen
Stammverwandten. Vijaya's Männer liessen sich rings umher auf
der Insel nieder, und da sie nach Verlauf einiger Zeit sowohl
eine ebenbürtige Königin wünschten, wie auch Frauen für sich
selbst, wurde Botschaft nach dem grade gegenüberliegenden Ma-
dhurā gesandt, dessen König Pāndava oder Pāndurā͜a ihren Wunsch
erfüllte und seine eigene Tochter mit 700 anderen Mädchen als
Frauen für Vijaya und seine Männer schickte. Da Vijaya bei
deren Ankunft einsah, dass die Königstochter nicht mit seiner
Riesenfrau zusammen leben könne, schickte er diese fort zugleich
mit ihren beiden Kindern. Sie ging nach einer Riesenstadt, wo
sie von den Riesen getödtet wurde, weil sie sie verrathen hatte;
aber die Kinder flohen von da tiefer ins Land, und als sie erwachsen waren, heirateten sie einander; von ihnen stammte ein
zahlreiches Halbriesengeschlecht ab. Vijaya hatte keine Kinder
mit seiner Gemahlin, und als er daher nach einer Regierung

von 38 Jahren den Tod nahen fühlte, forderte er seinen Zwillingsbruder auf zu kommen und die Herrschaft zu übernehmen. Dieser, welcher nach seinem Vater König in Sihapura (Löwenstadt) geworden war, fühlte sich zu alt dazu, aber auf seine Aufforderung zog sein jüngster Sohn Pân*d*uvâsadeva dahin, begleitet von 32 Altersgenossen, Söhnen der Minister seines Vaters, und landete ein Jahr nach Vijaya's Tode auf Lankâ, wo er das Reich übernahm, welches so lange von den Ministern des Verstorbenen regiert worden war. Pân*d*uvâsadeva wird nun in Verbindung gebracht mit Buddha's väterlichem Geschlechte. Buddha's Vaterbruder Amitodana hatte einen Sohn Pân*d*uçâkya, welcher nach einem Kampfe mit Vi*d*udabha (der zu Buddha's Lebzeiten dessen Vaterstadt Kapilavastu eroberte und verwüstete) jenseit (nach dem Süden) der Gangâ geflohen war. Er hatte sieben Söhne und eine schöne Tochter, um welche sieben Könige freieten; der Vater aber, welcher die Folgen der Entscheidung fürchtete, setzte sie mit 32 Mädchen auf ein Schiff und überliess sie ihrem Schicksal, mit der Bestimmung, dass sie nehmen möchte, wer da könnte. Aber die Freier konnten sie nicht einholen, da das Schiff schnell die Gangâ hinab segelte und schon am nächsten Tage Ceilon erreichte; wo die Mädchen von Pân*d*uvâsadeva und seinen 32 Männern zur Ehe genommen wurden. Seine Königin gebar ihm zehn Söhne und eine Tochter; über diese wurde geweissagt, dass ihr Sohn das Reich an sich reissen werde, nachdem er die Brüder seiner Mutter getödtet habe. Diese verabredeten sich, sie zu tödten, aber der älteste von ihnen, Abhaya, brachte seine Brüder davon ab. Als sie aufwuchs, wurde sie ausserordentlich schön, dass sie jeden hinriss, der sie sah. Sie wurde in ein Gemach eingeschlossen, welches auf eine einzige Säule gebauet war und wozu der Eingang durch ihres Vaters Schlafkammer führte; sie hatte eine Dienerin bei sich und draussen hielten hundert Männer Wache. Inzwischen kamen sechs von den Brüdern der Königin nach Ceilon und liessen sich ringsum auf der Insel nieder. Ein Sohn von einem derselben verliebte sich in die Tochter des Königs und es glückte ihm auch, ein Liebesverhältniss mit ihr anzuknüpfen. Als die Folgen sichtbar wurden, ward sie mit dem Vetter verheiratet und der Vater beruhigte ihre Brüder, indem er ihnen Anweisung gab, das Kind zu tödten, wenn es ein Knabe sein würde. Aber die Schwester wusste sie zu hintergehen und

den neugeborenen Sohn in Sicherheit zu bringen, welchem sie
den Namen Pân*d*ukâbhaya gab, nach ihrem Vater und ältesten
Bruder. Der Vater starb zu eben dieser Zeit nach einer Regierung von 30 Jahren und ihm folgte Abhaya, welcher 20 Jahre
ruhig regierte, bis sein Schwestersohn Pân*d*ukâbhaya, welcher
durch List und übernatürlichen Beistand allen Nachstellungen
seiner Mutterbrüder entgangen war, einen Kampf um den Thron
begann, welchen er auch durch Unterstützung der Riesen nach
Verlauf von 17 Jahren gewann, als er 37 Jahre alt war; danach
regierte er 70 Jahre, so dass er also ein Alter von 107 Jahren
erreicht haben muss. Im Anfange des Kampfes entführte und
heiratete er eine Tochter eines der Mutterbrüder, von welcher
er einen Sohn hatte, Mu*t*asiva, welcher nach ihm 60 Jahre regierte *). Der Vater hatte die Hauptstadt Anurâdhapura erbauet,
wo früher bloss ein Dorf gewesen, welches nach Anurâdha, einem
von Vijaya's Genossen, benannt war, und hatte ausserdem die
Verhältnisse derselben geordnet. Aus der langen Regierung des
Sohnes wird nur die eine That erzählt, dass er bei der Stadt den
Hafen Mahâmegha anlegte, an welchen sich viele Erinnerungen
in der Buddhistischen Kirchengeschichte knüpfen; denn dort hielt
sich Mahendra auf bei seiner Ankunft auf der Insel, dort wurde
das Kloster Mahâvihâra erbauet, wie darin auch der von Indien
gebrachte Zweig des Bodhi-Baumes, unter welchem Buddha zur
Erkenntniss der Wahrheit gekommen war, gepflanzt wurde, der
zu einem mächtigen Baume emporwuchs, welcher stets der Gegenstand heiliger Sorgfalt gewesen ist. Mu*t*asiva war Vater von
zehn Söhnen, von denen der nächstälteste Devânam-priya-Tissa
war, der sein Nachfolger wurde und in dessen erstem Jahre der
Buddhismus nach der Insel kam.

Dergestalt war nicht bloss der Schluss des ersten Zeitab-

---

*) Ceilon's Könige im ersten Zeitabschnitte waren also:

Vijaya nach seiner Ankunft	38 Jahre.	
Das Reich erledigt	1	—
Pân*d*uvâsadeva	30	— Brudersohn des Vorigen.
Abhaya	20	— sein Sohn.
Kampf um den Thron	17	—
Pân*d*ukabhaya	70	— Schwestersohn Abhaya's.
Mu*t*asiva	60	— Sohn des Vorigen.
	236 Jahre.	

schnittes bestimmt, sondern dies war auch der Fall mit dem Anfange; denn Vijaya's Ankunft fand statt an demselben Tage, an welchem Buddha in das Nirvâna einging; dafür bürgte Buddha's eigenes heiliges Wort an die Götter, welche in seiner Sterbestunde im Kreise um ihn her standen, nachdem er das Irdische verlassen hatte. Obgleich diese Aussage erst auf Ceilon nach der Einführung des Buddhismus daselbst entstanden sein kann, war doch für einen Buddhisten kein Grund, an ihrer Aechtheit zu zweifeln, da ja jeder Arhat sich in die Zeit zurückversetzen und als Zeuge dafür auftreten konnte. Aber die Ausdehnung von 236 Jahren, welcher dieser Zeitraum bekam, kann sich nicht auf die Daten gründen, welche die eigene Geschichte der Insel oder die Sagengeschichte darboten; denn man hatte offenbar nicht hinreichenden Stoff; nur fünf Familienglieder konnte man aufweisen. Da nun die Endpunkte bestimmt waren, hat man den gewöhnlichen Ausweg gewählt, die einzelnen Glieder nach der für das Ganze gegebenen Ausdehnung einzurichten, und das hat man um so zuversichtlicher thun können, da die Zahlgrössen, welche den beiden letzten Regierungen beigelegt wurden, durchaus nichts enthielten, was bei den Buddhistischen Begriffen von Zahl und Zahlenverhältniss wunderbar erscheinen konnte. Die Festsetzung von Buddha's Tod auf 236 Jahre vor der Verkündigung des Buddhismus in Ceilon gründet sich offenbar auf die Daten, welche man dort über die Geschichte Indiens oder Magadha's hatte. Von daher hatte man eine sehr vollständige Königsreihe mit der Angabe der Regierungszeit der einzelnen Könige. Buddha war gleichzeitig mit Bimbisâra; er starb im achten Jahre seines Sohnes Ajâtaçatru,

1) und dieser regierte danach . . . . 24 Jahre,
2) seine Nachfolger, Udâyibhadraka (16), Anuruddha und Munda (zusammen 8), Nâgadâsaka (24 Jahre) zusammen . . . . 48 —
3) Neues Königsgeschlecht: Susunâga (18), sein Sohn Kâlâçoka (28), dessen zehn Söhne (22 J.) . . 68 —
4) Ein Geschlecht von 9 Königen mit dem Familien- namen Nanda. . . . . 22 —
5) Candragupta (24), sein Sohn Bindusâra (28) und dessen Sohn Açoka 4 J. bis zur Salbung . . 56 —

218 Jahre.

Siebzehn Jahre danach wurde die grosse Kirchenversammlung in Pâtaliputra gehalten und im folgenden Jahre wurde der Buddhismus nach Ceilon gebracht, wodurch also die Geschichte Magadha's an die Geschichte dieser Insel geknüpft wurde. Aber indem man nach Singhalesischen Quellen dahin gekommen war, der Geschichte der Insel eine zu grosse Ausdehnung in der Zeit rückwärts zu geben, war die Folge hievon, dass auch der entsprechende Zeitraum in der Geschichte Magadha's zu weit zurückgeschoben wurde, was klar hervorgeht aus der Vergleichung mit der Geschichte des Westens, welche uns glücklicherweise in Betreff der zuletzt angeführten Könige vorliegt. Diese werden nämlich sowohl in Buddhistischen wie in Brahmanischen Quellen genannt, und ihr Wirken war auch von allzu tief eingreifender Bedeutung in der Geschichte Indiens, als dass sie leicht vergessen werden konnten. Sie standen ausserdem in Verbindung mit Alexander dem Grossen und seinen nächsten Nachfolgern, so dass ihr Zeitalter im Ganzen genommen mit solcher Sicherheit bestimmt werden kann, dass alle Indischen Berechnungen und Angaben dagegen zurück treten müssen.

Als Alexander im Spätjahre 326 an den Hyphasis (Vipâç) gelangt war, hörte er, dass der König der Prasier (der östlichen) über ein Heer von 200,000 Mann Fussvolk, 20,000 Reiter, 2000 Wagen und 4000 oder 3000 Elephanten gebiete. Dies bestätigte Porus, indem er hinzufügte, dass der regierende König von niedriger Geburt sei, der Sohn eines Barbiers und der Gemahlin des vorigen Königes. Dieser König war ermordet worden entweder von seiner Gattin oder von deren Buhlen*), aber nach beiden Berichten hatte der damals regierende König den Thron bestiegen nach der Ermordung seines Vorgängers. Plutarch**) erwähnt einen Ausspruch Candragupta's, dass es für Alexander nicht schwer geworden sein würde, diesen König zu besiegen, da er wegen seiner Schlechtigkeit und niedrigen Geburt verhasst und verachtet sei. Die klassischen Schriftsteller nennen ihn Xandrames, oder mit einem ähnlichen Namen; aber ungeachtet der Verschiedenheit des Namens kann kein Zweifel sein, dass es derselbe ist, welcher in den Indischen Erzählungen Nanda

---

*) Diodor 17, 93. Curtius 9, 7.
**) Alexander 62.

(Dhanananda oder Mahâpadma) heisst, König im Ostlande, dessen Hauptstadt, Pâtaliputra, grade in den Griechischen Berichten unter dem Namen Palibothra als Hauptstadt des Reiches der Prasier genannt wird. Wenn auch die Indischen Quellen die Griechischen Erzählungen über seine Geburt nicht wiedergeben, stimmen sie doch darin mit ihnen überein, dass er gemein und ehrlos war, indem sie zwar seinen Vater (Mahânanda) zum Könige machen, ihn selbst aber den Sohn eines Çûdra-Mädchens sein lassen, wodurch er in Folge der strengen Brahmanischen Anschauungen zu der verächtlichen Kaste der Ugras gehörte, deren Beschäftigung war, Schlangen und anderes Gewürm zu fangen und zu tödten. Sowohl die Buddhistischen wie die Brahmanischen Quellen schildern ihn als im höchsten Grade habsüchtig, und die Brahmanischen fügen hinzu (in dem prophetischen Stile, in welchem die Purâṇa die Ereignisse der Vorzeit erzählen), dass er ein Verwüster der Kriegerkaste sein werde, da nach ihm Çûdra's Könige der Erde werden würden*).

Durch Nanda's Ermordung wurde Candragupta König und er wird unter diesem Namen sowohl in den Indischen wie in den klassischen Berichten erwähnt. Sein väterliches Geschlecht oder sein Stamm heisst Maurya**); dieser Name ist von ungewissem Ursprunge, kann aber kaum von besonderer Bedeutung gewesen sein. Justin erzählt (15, 4), dass Candragupta von niedriger Herkunft gewesen sei (humili genere natus) und die Brahmanen machen ihn auch zu einem Çûdra. Den Buddhisten ist er der Grossvater ihres mächtigen Beschützers und es ist daher nicht befremdend, dass sie ihn mit Buddha's eigenem Geschlechte zu verbinden gesucht, grade so wie sie es mit dem frommen Königsstamme auf Ceilon gemacht haben. Sie melden nämlich, ein Zweig von Buddha's Geschlecht sei nach der Verwüstung von Kapilavastu durch Viduddhabha in den Himâlaya geflohen und habe dort ein kleines Reich gegründet in einem Thale, welches reich an Pfauen (mayûra, Pâli mora) gewesen, wovon er den Geschlechtsnamen Maurya oder (in Pâli) Moriya bekommen; und über dieses Reich herrschte auch Candragupta's Vater. Dessenungeachtet

---

*) Vishṇu Purâṇa p. 467.
**) Die Indischen Erklärer leiten es ab von Murâ, einem Çûdra-Mädchen, welches durch Nanda seine Mutter gewesen sein soll (Vishṇu Pur. 469).

aber räumen sie ein, dass das Schicksal seiner Kindheit sehr kümmerlich gewesen sei. Sie erzählen nämlich, dass sein Vater bei einem feindlichen Ueberfall getödtet worden und die Mutter damals schwanger nach Pâtaliputra geflohen sei. Hier setzte sie das Kind, sobald es geboren war, an der Thüre eines Viehstalles aus, aber ein Stier, welcher nach einem weissen Flecken auf der Stirne Candra (Mond) hiess, behütete das Kind, bis es von dem Hirten gefunden wurde. Dieser nannte den Knaben nach dem Stiere Candragupta (der von Candra behütete) und nahm sich seiner an, überliess ihn aber später einem Jäger, welcher ihn in sein eigenes Haus nahm. Hier spielte er König mit seinen Altersgenossen, ungefähr so wie es von Cyrus als Knaben erzählt wird, und dadurch wurde ein Brahmane Cânakya, welcher von dem Könige Nanda beleidigt worden war, aufmerksam auf den Knaben und kaufte ihn dem Jäger ab, um ihn zur Ausführung seiner Rache an Nanda zu benutzen. Als daher Candragupta erwachsen war, setzte ihn der Brahmane in den Stand, eine Räuberschaar zu sammeln, mit welcher er Nanda mitten in seinem Reiche angriff, aber gänzlich geschlagen wurde. Eine andere Verfahrungsweise hatte glücklicheren Erfolg; denn er begann nun seinen Angriff von der Grenze aus, eroberte eine Stadt nach der andern und zuletzt die Hauptstadt Pâtaliputra selbst, wo Nanda fiel; Candragupta wurde sein Nachfolger und bemächtigte sich darauf des ganzen Indiens. Etwas ähnliches geht hervor aus Justin's Erzählung (15, 4) von Sandrocottus *), welcher einige Züge beigefügt sind, die aus Indischen Quellen genommen sein müssen, da sie ein ganz Indisches Gepräge tragen. Er erzählt nämlich, dass Sandrocottus, welcher von niedriger Geburt war, Alexander durch seine Unverschämtheit beleidigt hatte, und dass dieser darauf befohlen habe, ihn zu tödten; aber er entkam durch die Schnelligkeit seiner Füsse und da er matt und müde sich schlafen gelegt, kam ein grosser Löwe an ihn heran, leckte mit der Zunge den hervorbrechenden Schweiss ab und verliess ihn freundlich, als er erwachte. Hiedurch wurde bei ihm die Hoffnung auf Macht erweckt, er sammelte eine Schaar Räuber und reizte die Indier zum Aufruhr. Als er später auf Kampf gegen

---

*) Dies stimmt mehr mit der Pâli-Form Candagutta, während eine andere Form des Namens Σανδροκυπτος mehr mit dem Sanskrit stimmt.

Alexanders Statthalter sann, kam von selbst zu ihm ein wilder Elephant von ungeheurer Grösse, der ihn wie ein zahmer freiwillig auf den Rücken nahm und ein Führer im Kampfe wurde. Dies begab sich, Justin's Bericht zufolge, nach Alexander's Tod, als die Indier das Joch abschüttelten und seine Statthalter tödteten; der Urheber der Empörung war Candragupta, der sich indessen selbst der Herrschaft über die Länder bemächtigte, welche er befreiet hatte. Alexander überschritt den Indus im Anfang des Jahres 326 und kam in Spätjahre an den Hyphasis, von wo er sich in südwestlicher Richtung wandte und die Länder längs des Indus bis zu dessen Mündung eroberte; er verliess Indien im August 325. Wenn man dieses Zusammentreffen mit Alexander, von welchem Justin erzählt, als ein wirkliches Ereigniss annehmen kann, so liegt die Vermuthung nahe, dass dasselbe am Hyphasis stattgefunden habe, als Alexander sein siegreiches Vordringen nach Osten gehemmt hatte. Denn Candragupta kann damals seinen ersten missglückten Versuch gegen den König Nanda gemacht haben, von welchem die Buddhisten erzählen, und als Flüchtling, aber doch als Mann von Bedeutung, an Alexander's Siege die Hoffnung eigenen Vortheils geknüpft haben, welche nun getäuscht wurde, und seine Beleidigung gegen Alexander kann grade die unbesonnene Aeusserung der getäuschten Hoffnung gewesen sein, da er sah, wie weit seine eigenen Wünsche und Pläne von Alexanders letztem Beschlusse entfernt waren. Bestimmter ist Candragupta an die andere von Justin erwähnte Begebenheit geknüpft, an Indiens Befreiung von der Macedonischen Herrschaft. Die Satrapie Nieder-Indien oder die Länder an den Indus-Mündungen scheinen sich erhoben zu haben, sobald Alexander ihnen nur den Rücken gewandt, da Nearch in einer ungünstigen Zeit, zwei Monate früher, als bestimmt war, vom Indus über den westlichen Arm desselben wegzog. Diese Satrapie wird bei der Vertheilung im Jahre 323 nicht genannt, sondern wurde 321 dem Könige Porus übertragen. Dieser wurde spätestens im Frühjahre 317 durch den Macedonischen Statthalter Eudames ermordet, welcher seine Elephanten dem Eumenes zuführte, der sich damals nach Medien hineingeworfen hatte. Unmittelbar darauf muss das obere Indien sich erhoben haben, und als Antigonus nach Eumenes' Falle in Persepolis im Frühjahre 316 die Regierung der östlichen Länder ordnete, scheint er die Indischen als verloren angesehen zu haben. Denn obgleich er in den an Indien grenzenden Ländern den Sibyrtius wieder als Satrapen über Arachosien einsetzte und den Oxyarthes über die Paropanisader bestättigte, schickte er keinen nach dem oberen Indien, dessen bisheriger Satrap Pithon dem Antigonus folgte und die Regierung von Babylon übernahm, als Seleucus von da verdrängt wurde. Justin erzählt ferner, dass Candragupta schon sein Reich erobert und Indien besessen habe in der Zeit, als Seleucus den Grund zu seiner späteren Grösse legte. Da Seleucus im October 312 sich wieder Babylon's bemächtigte, in dessen ununterbrochenem Besitze er seitdem blieb, so dass er von da aus auch die östlichen Länder erobern konnte, hat man seit längerer Zeit geglaubt, das Jahr 315, welches ungefähr in der Mitte zwischen Porus' Ermordung und der eben genannten Einnahme von Babylon liegt, als Candragupta's erstes Regierungsjahr annehmen zu können, und Lassen hat diese Annahme zu unterstützen gesucht durch eine Hypothese über den Ursprung der fehlerhaften Berechnung in der Singhalesischen Geschichte, durch welche Devânam-priya-Tissa's Zeitalter zu weit zurückgeschoben ist*). Aber sowohl die Brahmanischen wie die Buddhistischen Quellen berechnen Candragupta's Regierungszeit von dem Tode seines Vorgängers Nanda, mit welchem er den Thron von Magadha bestieg, und dieser muss sich nach 326 zugetragen haben. Die Frage ist daher, von wo aus er Magadha eroberte. Sofern nämlich der glückliche Angriff, welchen er nach Aussage der Singhalesen von den Grenzen des Landes aus unternahm, von den Indusländern ausgegangen ist, so dass er folglich sich zuerst dieser bemächtigt hätte (die indessen weit von Magadha liegen und von demselben durch mehrere dazwischen liegende Länder getrennt sind), so muss die Eroberung von Magadha nach 317 erfolgt sein. Wenn er aber umgekehrt zuerst Magadha eroberte und von da aus auf einem Eroberungszuge gegen Westen, nachdem er die zwischenliegenden Länder genommen, die günstige

---

*) Indische Alterthumskunde 2, 276. Er nimmt an, dass die beiden (oben p. 102 Note angeführten) Regierungen, Sena mit 22 und Elâra mit 44 Jahren, nicht auf die Regierung Tissa's und seiner Brüder gefolgt, sondern mit derselben gleichzeitig gewesen seien. Da also die Singhalesen Candragupta's Regierungsantritt auf das Jahr Buddha's 162, d. h. 381 v. Chr. G. setzen, so bleibt dieses Jahr weniger 66, d. h. 315.

Gelegenheit benutzte, welche ihm die Ermordung des Porus und die Abwesenheit des Macedonischen Statthalters darbot, diese Länder zu seinem Reiche hinzu zu fügen, so kann Nanda's Tod einige Jahre vor 317 eingetreten sein. Und Justin's Aeusserung, dass Candragupta sein Reich erobert und Indien besessen habe zu eben der Zeit, wo Seleucus den Grund zu seiner späteren Grösse legte, enthält wohl nicht so sehr eine Hindeutung auf das Jahr 312 und die vier vorhergehenden Jahre, wo Seleucus sich als Flüchtling in Aegypten aufhielt, als vielmehr auf die früheren Jahre 321—316, wo er als Satrap von Babylon die Liebe und Ergebenheit des Volkes in dem Grade gewann, dass er sogar nach einer Abwesenheit von vier Jahren mit einer kleinen Schaar dem Antigonus dies Land entreissen und dort in kurzer Zeit hinlängliche Macht sammeln konnte, um dessen Besitz zu behaupten und die östlichen benachbarten Satrapen zu überwältigen. Die Zeit, wo Candragupta in Magadha den Königsnamen erwarb, kann mit eben so grosser Wahrscheinlichkeit um 320 und sogar etwas früher angesetzt werden; und dies würde ausserdem besser zu der Ausdehnung des Zeitraumes passen, welchen die Indischen Quellen zwischen Candragupta's Regierungsantritt und die Salbung seines Enkels setzen.

Seleucus Nicator kämpfte auf seinem östlichen Feldzuge auch mit Candragupta, aber wir wissen nicht, mit welchem Glücke, und dies geht auch nicht deutlich aus den Friedensbedingungen hervor. Seleucus verzichtete sowohl auf das ganze Land jenseits des Indus wie auf die am westlichen Ufer liegenden Indischen Landschaften; vielleicht aber war dies nichts anderes als ein formelles Aufgeben dessen, was schon früher verloren gegangen war. Er bekam dagegen 500 Elephanten; aber wie bedeutend diese Zahl auch für Seleucus war, so war es doch nur ein kleiner Theil von Candragupta's Stärke, da er 9000 besass[*]). Auch die Zeit des Kampfes ist unbekannt; er muss nach 312 und wahrscheinlich nach 310 vorgefallen sein, da Seleucus noch in diesem, wie in dem vorhergehenden Jahre mit Antigonus in und bei Babylonien gekämpft zu haben scheint[**]). Auf der anderen Seite muss der Zug vor 302 unternommen

---

[*]) Nach einem Zeugniss von Plinius (Hist. nat. 6, 68).
[**]) Vergl. Droysen, Gesch. d. Hell. 1, 399

worden sein, denn um den Schluss dieses Jahres nahm Seleucus sein Winterquartier in Kappadocien mit seinen Indischen Elephanten, welche im folgenden Jahre zu dem Siege bei Ipsos wesentlich beitrugen. Seleucus heiratete Candragupta's Tochter und schickte den Megasthenes als Gesandten zu ihm, der sich in dem Grenzlande von Indien, Arachosien, bei dem Satrapen desselben, Sibyrtius, aufgehalten hatte. Megasthenes kam nach Pàtaliputra und scheint sogar mehrmals den König von Indien besucht zu haben; aber auch hier ist die Zeit ungewiss, da nur Bruchstücke von dem Werke erhalten sind, welches er über Indien verfasst hat. Candragupta regierte 24 Jahre, sowohl nach Brahmanischen, wie nach Buddhistischen Quellen, welche hierin ganz übereinstimmen*). Auf ihn folgte sein Sohn Bindusâra, dessen Regierungszeit auch einigermaassen übereinstimmend in Buddhistischen Quellen auf 28 Jahre und in Brahmanischen auf 25 angegeben wird. Er hielt die Verbindung mit den Seleuciden aufrecht, wird aber von den klassischen Schriftstellern nicht mit seinem Indischen Namen genannt; er heisst bei ihnen Amitrochates in Palibothra, was, wie längst nachgewiesen, nichts anderes als ein Ehrenname ist, amitraghâta, Feindetödter.

Bindusâra's Sohn Açoka bekannte sich nach Verlauf einiger Zeit offen zum Buddhismus, beförderte eifrig dessen Ausbreitung und gestattete einigen seiner nächsten Angehörigen, in den geistlichen Stand zu treten. Er wird von klassischen Schriftstellern nicht erwähnt, dagegen nennt er selbst seine westlichen Zeitgenossen. Er hat nämlich Inschriften hinterlassen, theils auf aufgerichteten Säulen, deren man einige an verschiedenen Stellen in Mittel-Indien gefunden hat, theils in Felsen oder Felsblöcke eingehauen, welche durch ihr Vorkommen die Ausdehnung seines Reiches angeben. Wir kennen nämlich drei Felseninschriften, deren eine sich bei dem Dorfe Dhauli in Orissa am Bengalischen

---

*) Zwar werden im Mahâvansa 34 Jahre angegeben (sowohl in der Ausgabe wie in der Kopenhagener Handschrift und bei Upham 1, 45); aber das kann nur auf einem wenn auch alten Schreibfehler beruhen, da die Summe, welche dort gleichfalls für den ganzen Zeitraum angegeben wird, 218 Jahre, eine Zeit von 24 Jahren voraussetzt, wie sich dieselbe in Buddhaghosa's Erklärung des Vinaya (Turnour, Einl. 52) und im Dîpavansa (Turnour, Analysis of the Dîpav. p. 12) findet. — Die Brahmanischen Angaben s. Vishnu-Purâna p. 469.

Meerbusen findet, die zweite bei Girnar (Girinagara) auf der
Halbinsel Guzerate, und die dritte im nördlichsten Theile Indiens,
auf dem westlichen Ufer des Indus in der Nähe des jetzigen
Peshaver bei Kapur di giri. In seinen Inschriften nennt er sich
stets mit seinem Buddhistischen Ehrennamen Priyadarçin, welcher
ihm auch in Singhalesischen Quellen beigelegt wird*). Die
Inschriften enthalten seine Bekanntmachungen über Anstalten,
welche er zum Besten der Menschen getroffen, so wie Aufforderungen und Aufmunterungen zu einem frommen und tugendhaften
Wandel. Die drei Felseninschriften zeigen im Ganzen dieselbe
Reihe von Bekanntmachungen in derselben Ordnung, und so
gleichlautend, wie es die gegenseitige Abweichung der verschiedenen, obgleich nahe verwandten Dialekte zugelassen hat. In
der zweiten dieser Bekanntmachungen erwähnt Priyadarçin, dass
auf seine Veranlassung zwei Arten von Genesungsanstalten
eingerichtet worden sind, die eine für Menschen und die andere
für Thiere, dass Gewächse gepflanzt worden sind, wo früher
keine waren, und dass ebenso längs der Landstrassen Brunnen
gegraben und Bäume gepflanzt sind zum Genuss für Menschen
und Thiere; dies ist geschehen überall in seinem Reiche und
auch bei den Nachbaren (pratyanta); da werden zuerst die südlichen genannt: Codâ, Pidâ, Satiyaputa und Ketalaputa bis nach
Tambapanni (Ceilon); darauf die westlichen: Antiochus, König der
Griechen und die Könige, welche in der Nähe des Antiochus sind**).
Die westlichen Fürsten werden bei Namen genannt in der dreizehnten Bekanntmachung, welche unglücklicherweise in der östlichen Inschrift bei Dhauli nicht eingehauen worden ist. Bei
Girnar ist ein grosses Stück von dem Steine abgesprengt, wodurch über die Hälfte jeder Zeile in dieser Bekanntmachung
vernichtet ist. Endlich bei Kapur di giri ist dieses Stück auf
die Rückseite des Felsblockes eingehauen, wo Ch. Masson (dem
wir die Bekanntschaft mit dieser Inschrift verdanken) nicht, wie
er bei der Vorderseite gethan hatte, einen Abdruck nehmen

---

*) Aber wie es scheint in einer etwas verderbten Form; Piyadassuna
(priyadarçana) im Dîpavansa (Turnour, Analysis p. 12).

**) sarvatra vijitamhi devânam piyasa piyadasino rañño, evam api pracantesu, yathâ: Codâ, Pidâ, Satiyaputo, Ketalaputâ â Tambapanni, Antiyako
Yona râjâ, ye câpi tasa Antiyakasa samîpam râjâno. Vergl. Lassen, Ind.
Alterth. 2, 240. Note 1—3.

konnte, sondern sich auf eine Abschrift beschränken musste. Bei Girnar ist nur übrig: der König der Griechen und ausser diesem vier Könige, Turamâya und Antikona und Maga, womit die Zeile endet*). Die Inschrift bei Kapur di giri hat: Antiyoka König der Griechen und ausser diesem Antiyoka vier Könige, nämlich Turamara, Antikona, Maka, Aliksandri**). Man hat längst die vier ersten Namen wiedergefunden in den Seleuciden Antiochus Theos 262—247, Ptolemaeus Philadelphus 285—246, Antigonus Gonnatus in Macedonien 278—239 und Magas, Statthalter und später König von Cyrene 308—258. Bei dem letzten Namen, welcher sich jetzt nur in der Inschrift von Kapur di giri findet, hat Lassen an Alexander den Grossen gedacht***); aber wie mangelhaft und dadurch unverständlich dieses Edikt auch ist, so zeigen doch die deutlichen Wörter param ca tena catpâro, oder bei Kapur di giri: caturo mit Hinzufügung des Zahlzeichens 4, dass von 4 Königen neben Antiochus die Rede ist, und zu jedem der vier folgenden Namen ist auch in der letztgenannten Inschrift ein nâma (mit Namen) hinzugefügt, von dessen beiden Zeichen das letzte ma eins der kenntlichsten in der ganzen Buchstabenreihe ist, so dass sie alle vier in derselben Weise genannt werden und gleichzeitigen Fürsten angehört haben müssen. Ich glaube auch den letzten Namen in Alexander, Sohn des berühmten Pyrrhus, König von Epirus, wiederzufinden. Wenn es auch scheinen könnte, als läge Epirus etwas zu weit von dem Indischen Könige entfernt, um von ihm bemerkt zu werden, so darf doch nicht übersehen werden, dass die Verbindung zwischen den im fremden Lande jetzt weit verbreiteten Hellenen nicht unbedeutend war. Selbst in Indien hatte Alexander hellenische Kolonien hinterlassen, welche zu Açoka's Zeit wohl noch nicht verschwunden waren, da er einen Griechen mit einem Indisch-Buddhistischen Namen, einen Yavana Dharmarakshita als Missionair nach den Westländern schickte†). Es kann daher nicht befremden, wenn das Ge-

---

*) Was übrig ist (d. h. der letzte Theil) von Zeile 8, ist: Yonarâjâ, param ca tena catpâro râjâno, Turamâyo ca Ant-kona ca Magâ ca.

**) ... Antiyoko nama yona-râjâ param ca tena Antiyokena caturo 4 rajano Turamara nama Antikona nama Mako nama Aliksandri namâ ... Turamara ist sicher ein Fehler des Einhauers.

***) Ind. Alterth. 2, 241 u. XL.

†) Mahâvansa 12, 35.

rückt zu Açoka gelangt war von der hervorragenden Rolle, welche Epirus kurz vorher gespielt hatte, sowohl unter Pyrrhus († 272), welcher auch mit den Ptolemaeern verschwägert war, wie noch unter seinem Sohne Alexander, der im Anfange seiner Regierung selbst Macedonien erobert hatte. Von hier wurde er vertrieben 266, wie auch aus einem Theile von Epirus, den er jedoch später wieder eroberte worauf er so stille lebte, dass sein Todesjahr unbekannt ist; er scheint um 258 gestorben zu sein, vielleicht noch früher*). In welcher Verbindung jene Männer mit Açoka gestanden, lässt sich weder aus der Inschrift von Girnar ersehen, welche unvollständig ist, noch aus der von Kapur di giri, da die Arianische Schrift, welche hier angewandt ist, zu den allerschlechtesten Schriftarten gehört, die immer schwer zu lesen sind, selbst wenn sie deutlich und sorgfältig eingehauen sind; die Schwierigkeit steigt, je weniger dies der Fall ist, und kommen hierzu noch mangelhafte Abschriften, so ist es meistens unmöglich, etwas davon herauszubringen, was nicht wenigstens zum Theil schon vorher bekannt ist. Aus den einzelnen lesbaren Wörtern scheint indessen hervorzugehen, dass die Inschrift sich auf die Buddhistische Lehre bezieht, dass Açoka sich ihnen zugewendet oder geglaubt habe, in ihnen gleichgesinnte Freunde zu haben, so dass die Verbindung geknüpft wurde, oder dass die Erwähnung derselben sich auf die Zeit bezieht, nachdem er sich zu diesem Glauben bekannt hatte. Das Jahr 258 muss hienach innerhalb Açoka's Regierung gelegen haben; aber wie spät nach dem Anfange derselben, lässt sich nicht mit Sicherheit entscheiden. Die ganze Reihe von Bekanntmachungen ist zwar auf einmal an den verschiedenen Stellen eingehauen, nach einem gemeinschaftlichen Befehle durch welchen sie gesammelt und geordnet sind; aber sie selbst sind aus verschiedenen Zeiten oder erwähnen Anordnungen, die zu verschiedenen Zeiten getroffen wurden. So wird in der dritten und vierten Bekanntmachung das zwölfte Jahr nach seiner Salbung und in der fünften das dreizehnte genannt**), und in der achten heisst es, dass er im zehnten

---

*) Droysen, Gesch. d. Hellen. 2, 295.

**) In III Zeile 1: dvâdasa-vasâbhisitena mayâ idam âñapitam, „in dem zwölften Jahre nach meiner Salbung ist dies von mir befohlen." In IV Zeile 12: dvâdasa-vasâbhisitena devânam priyena Priyadasinâ raññâ idam lekhâpitam, „König P. hat dies einritzen lassen." Sein Befehl kann erst in dem folgen-

Jahre*) nach seiner Salbung zur vollständigen Erkenntniss der Wahrheit gekommen sei. Nach den Singhalesischen Erzählungen hatte er, nachdem er schon im vierten Jahre nach seiner Salbung angefangen, sich wohlwollend gegen die Buddhisten zu bezeigen, im sechsten seinen Kindern erlaubt, in deren geistlichen Stand zu treten, und dieselben Quellen berichten, dass seine Salbung, von welcher an seine Regierungsjahre immer gezählt werden, sowohl bei den Singhalesen, wie in seinen eigenen Inschriften, erst vier Jahre nach dem Tode seines Vaters stattgefunden habe. Gehen wir von diesen Angaben aus, so hat seine Salbung vielleicht noch früher, aber jedenfalls nicht später stattgefunden als entweder 264 oder 268 v. Chr. G., im sechsten oder zehnten Jahre vor 258. Das erste dieser Jahre passt am besten zu den Singhalesischen Quellen, welche einen Zeitraum von 56 Jahren zwischen Candragupta's Thronbesteigung und Açoka's Salbung erwähnen (320 — 264). Aber weder ist das Jahr 320 für Candragupta's Regierungsantritt so sicher, dass es den Ausgangspunkt für eine durchaus genaue Berechnung bilden kann, noch darf der Singhalesischen Angabe über die Grösse des Zeitraumes zwischen Candragupta's Tod und Açoka's Salbung eine grössere Geltung beigelegt werden, als die ungefähre Uebereinstimmung mit den Brahmanischen Quellen mit sich führt**). Die Singhalesen haben ausserdem den Blick mehr auf Açoka's Kinder, die Apostel der Insel, als auf ihn selbst gerichtet; sie haben auch nicht das von ihm selbst angegebene zehnte Jahr für seine

---

den Jahre ausgeführt worden sein, wenn nicht diese Bekanntmachung ursprünglich anderswo, z. B. auf irgend einer Säule angebracht gewesen ist. In V Zeile 4: mayā trodasa-vasâbhisitena dhamma-mahâmâtâ katâ, „im dreizehnten Jahre nach meiner Salbung sind von mir geistliche Aufseher eingesetzt worden."

*) Râjâ dasa-vasâbhisito santo ayâya sambodhim.

**) Beide schreiben, wie früher bemerkt, übereinstimmend dem Candragupta 24 Jahre zu; danach lassen die Singhalesen seinen Sohn Bindusâra 28 Jahre regieren und seinen Enkel Açoka 4 Jahre vor und 37 Jahre nach seiner Salbung. Die Brahmanischen Quellen dagegen geben dem Bindusâra nur 25 Jahre und dem Açoka nur 36. Es ist daher in dem Zeitraume von Candragupta's Tod bis auf den Zeitpunkt, von welchem an Açoka's Regierungsjahre gezählt werden, ein Unterschied von 7 Jahren. Ueber Açoka's Regierungszeit vergl. Mahâvansa 20, 1—6, nebst Turnour's Einl. p. 47. Vishnu-Purâna p. 469.

Bekehrung bewahrt, oder jedenfalls haben sie dieselben an eine unrichtige Stelle verlegt. Es kommt mir daher wahrscheinlicher vor, dass auch die dreizehnte Bekanntmachung sich auf die Zeit nach seiner vollständigen Bekehrung bezieht, und dass man daher annehmen muss, dass seine Salbung um das Jahr 268 oder etwas früher stattgefunden haben muss, obgleich dies nicht ganz mit den Singhalesischen Angaben übereinstimmt.

Es ist oben bemerkt worden, dass Açoka als gleichzeitig mit Devânam-priya-Tissa durch eine fehlerhafte Berechnung in der Singhalesischen Geschichte zu weit in der Zeit zurückgeschoben ist, so dass seine Salbung in das Jahr 325 gesetzt wird. Vor derselben wird eine Zeit von 218 Jahren bis zu Buddha's Tod angegeben; und dieser Zeitraum von 218 Jahren wird ausdrücklich im Mahâvansa (5, 21) angegeben und ist der in der südlichen Kirche gewöhnlich angenommene *). Danach würde Buddha's Tod im Jahre 543 v. Chr. G. eingetreten sein und dies ist der Ausgangspunkt für die Singhalesische Zeitrechnung. Gehen wir dagegen, was das Natürlichste ist, von dem wirklichen Zeitalter Açoka's (268) aus, oder von dem des Candragupta (320), so kommen wir, wenn wir auf die Singhalesischen Angaben bauen, zu einem späteren Zeitpunkte für Buddha's Todesjahr, nämlich 486 oder 482. Wir können indessen hiebei nicht stehen bleiben. Die Angabe der Länge dieses Zeitraumes gründet sich nämlich auf die Erzählungen über die Geschichte von Magadha, welche man auf Ceilon hatte, und wenn auch diese sicher durch den Apostel der Insel, Mahendra, dahin gebracht sind, so wurden sie doch lange Zeit nur durch mündliche Ueberlieferung aufbewahrt, und nach den eigenen Berichten der Singhalesen erst unter König Vartagâmani ungefähr 200 Jahre nach Mahendra's Ankunft niedergeschrieben, in welcher Zeit sie folglich aller Unsicherheit und Veränderlichkeit ausgesetzt waren, welche die mündliche Ueberlieferung, noch dazu von inspirirten Priestern, mit sich führt. Daher kann diesen Erzählungen an sich keine unbedingte Gültigkeit beigelegt werden; sie können nur das Gewicht haben, welches ihre eigene innere Wahrscheinlichkeit dar-

---

*) Von da ist er nach Hinterindien übergegangen und wird auch in der Barmanischen Inschrift bei Buddhagâya angegeben. As. Researches, 20, p. 160 u. f.

bietet, um so mehr, da sie sich nicht auf andere unabhängige
Quellen stützen, sondern im Gegentheil mit diesen in Widerspruch stehen und sogar in einem sehr wichtigen Punkte gegen
dasjenige streiten, was von der nördlichen Buddhistischen Kirche
berichtet wird.
Buddha war gleichzeitig mit dem Könige von Magadha,
Bimbisâra. Nach den Singhalesischen Quellen wurde dieser nach
einer Regierung von 52 Jahren ermordet von seinem Sohne Ajâtaçatru, in dessen achtem Jahre Buddha starb; er regierte danach
24 Jahre und wurde dann ermordet von seinem Sohne Udâyibhadraka, der nach Verlauf von 16 Jahren gleichfalls ermordet
wurde von seinem Sohne Anuruddhaka, welcher wieder ermordet
wurde von seinem Sohne Munda. Wie lange Zeit jeder der
beiden letzten regierte, wird nicht gesagt; es wird nur angegeben,
dass sie zusammen 8 Jahre herrschten. Munda hatte dasselbe
Schicksal, er wurde ermordet von seinem Sohne Nâgadâsaka,
welcher dann 24 Jahre regierte. Diese Familie von fünf Vatermördern herrschte folglich nach Buddha's Tode 72 Jahre, welche
so vertheilt sind, dass der erste und der letzte jeder 24 Jahre
regierte, und die drei mittleren zusammen eben so lange. Darauf
folgte ein neues Geschlecht; das Volk im Lande wurde erbittert
auf jenes vatermörderische Geschlecht, setzte Nâgadâsaka ab und
hob seinen Minister Susunâga auf den Thron. Dieser herrschte
18 Jahre und ihm folgte sein Sohn Kâlâçoka, mit dessen zehntem
Jahre 100 Jahre nach Buddha's Tode verflossen waren (Mahâv.
4, 9); darauf regierte er noch 18 Jahre und ihm folgten seine
zehn Söhne mit zusammen 22 Jahren. Diesen folgte wieder ein
fremdes Geschlecht von neun Nandas, worin wir den Zeitgenossen
Alexander des Grossen, Xandrames, zu suchen haben. Dieser
Familie werden ebenso wie den vorhergehenden Gliedern 22 Jahre
zugeschrieben, und auf diese Weise kommen 162 Jahre heraus
von Buddha's Tod bis zu Candragupta's Regierungsantritt (um
320 vor Chr. G.). Susunâga und sein Stamm werden auch in
Brahmanischen Quellen erwähnt; er heisst dort Çiçunâga und
beginnt zwar auch dort ein neues Geschlecht, aber er wird mit
drei Sprösslingen vor Bimbisâra gestellt, welcher zu einem Urenkel seines Sohnes Kâkavarna, des Krähefarbigen, gemacht wird,
ein Name, der sich vielleicht in dem Singhalesischen Kâlâçoka
(der schwarze Açoka oder Todes-Açoka) wiederfindet. Es wird

dort nicht erwähnt, in welchem Verhältnisse Çiçunâga zu dem vorangehenden Königshause stand, aber der Stifter von diesem war Çunika oder Çunaka, Minister und Mörder des vorhergehenden Königes. Auf Bimbisâra folgt auch in Brahmanischen Quellen Ajâtaçatru, und nach ihm sind dort gleichfalls vier Glieder, aber die Namen sind verschieden, Dharbaka, Udayâçva, Nandivardhana und Mahânanda, von denen der letzte durch ein Çûdra-Mädchen der Vater des Nanda ist. So locker ist der Boden; folgt man der Brahmanischen Darstellung, so würde der Zeitraum von Buddha's Tode bis auf Candragupta nach den Singhalesischen Angaben um 68 Jahre kleiner. Für die grössere Glaubwürdigkeit der Singhalesischen Darstellung scheint indessen der Umstand zu sprechen, dass an Susunâga's Sohn Kâlâçoka eine für die Buddhistische Kirche wichtige Begebenheit geknüpft ist, welche 100 Jahre nach Buddha's Tode stattgefunden haben soll, nämlich die grosse Kirchenversammlung in Vaiçâli. Beide Zweige des Buddhismus sind darin einig, dass kurz nach Buddha's Tode eine Versammlung der nächsten und bedeutendsten Schüler in Râjagriha abgehalten wurde, um die Anstalten zu treffen, welche der Heimgang des Lehrers nöthig machte. Die Singhalesen allein erzählen nun, dass 100 Jahre später, in Kâlâçoka's zehntem Jahre, ein Priester Yasa aufmerksam wurde auf die ketzerischen Meinungen, welche die Klostergemeinde in Vaiçâli unterhielt. Da er diese zu entfernen suchte, wurde er aus dem Kloster und der Stadt vertrieben; aber er fand Beifall bei anderen Priestern, namentlich bei dem wegen seiner Kenntniss und Frömmigkeit hochangesehenen Revata, welcher gleichfalls diese Meinungen verurtheilte. Die Klostergemeinde fand Schutz bei Kâlâçoka; aber erschreckt durch einen Traum sah der König durch die Anleitung seiner Buddhistischen Schwester sein Unrecht ein, entzog der Gemeinde seine Gunst und söhnte sich mit den rechtgläubigen Priestern aus, an welche er sich nun ganz anschloss. Der eben genannte Revata wählte nun Yasa und sechs andere Priester, welche in Vereinigung das Verdammungsurtheil über die ketzerischen Anschauungen aussprachen. Darauf soll Revata aus den (1,200,000) Geistlichen 700 heilige Priester ausgewählt haben, mit welchen er eine Kirchenversammlung hielt, die acht Monate dauerte, um die Bewahrung des Glaubens auf lange Zeit zu sichern. Auf dieser Versammlung, fahren die Singhalesen fort, wurde vorausgesehen, dass 118 Jahre später ein neues Unglück für den Glauben eintreffen werde (Mahâv. 5, 102). Diese Angabe steht ganz allein, ausser aller Verbindung mit den mitgetheilten Ereignissen, so dass es eine alte Tradition zu sein scheint, welche bewahrt ist, obgleich sie nicht ganz zu dem Uebrigen passt; denn nach derselben müsste das kirchliche Unglück eingetroffen sein in demselben Jahre, in welchem Açoka gesalbt wurde; aber um die Zeit wird nichts dergleichen erwähnt. Das Unglück traf erst in seinem zehnten Jahre ein, und in Folge desselben wurde in seinem 17ten Jahre eine neue Kirchenversammlung in seiner Hauptstadt Pâṭaliputra von 1000 heiligen Priestern unter dem Vorsitze Moggaliputta-Tissa's gehalten. Die nördlichen Buddhisten kennen zwar die Ketzerei in Vaiçâli, aber dagegen kennen sie nur einen Açoka, Bindusâra's Sohn, und nur eine unter diesem Açoka, 110 Jahre nach Buddha's Tode abgehaltene Kirchenversammlung, welche nach der Ketzerei in Vaiçâli von 700 Priestern gehalten sein soll [*]), und welche daher der Versammlung Açoka's am ähnlichsten ist. Man ist meistens geneigt gewesen anzunehmen, dass die nördlichen Buddhisten die beiden Açokas der südlichen in einen verschmolzen haben; aber da dies, wie wir wissen, an beiden Stellen durch eine lange mündliche Ueberlieferung hindurch gegangen ist, so ist es eben so wahrscheinlich, dass die Singhalesen umgekehrt zwei Açokas aus einem gemacht haben. Der Açoka der nördlichen wird geschildert als ein wildes, blutdürstiges Ungeheuer, ehe er durch ein Wunder bekehrt wurde. Bei den südlichen wird von Kâlâçoka nur gesagt, dass er sich ursprünglich zur Brahmanischen Lehre bekannte, ketzerische Buddhisten beschützte und darauf den wahren Glauben annahm; aber sein Name bedeutet: der schwarze oder Todes-Açoka. Der andere, welcher auch zuerst dem Brahmanischen Glauben anhing, bemächtigte sich des Thrones durch Ermordung seiner 99 Brüder [**]) und hiess daher zuerst Caṇḍâçoka [***]), der gewaltthätige, wilde Açoka; später bekam er den Namen Dharmâçoka, der Açoka der

---

[*]) Asiatic. Res. 20, 92.

[**]) Er erwähnt indessen selbst sowohl Schwestern als Brüder in der fünften Bekanntmachung von Dhauli und Kapur-di giri; bei Girnar ist auch hier das entsprechende Stück von dem Felsblocke abgesprengt.

[***]) So unsere Handschrift des Mahâvansa 5, 91 anstatt Esâsoko-ti, wie in der Ausgabe steht.

Pflicht, der Tugend. Kâlâçoka wurde bekehrt nachdem er zehn Jahre regiert hatte; dieselbe Zeit giebt der andere Açoka selbst in seinen Felseninschriften für seine Bekehrung an, wogegen die Singhalesen diesen Zeitpunkt in seinem Leben nicht erwähnen. Um dasselbe Jahr ereignete sich eine kirchliche Verwirrung in Kâlâçoka's Regierung, wie auch, obgleich das Jahr nicht bestimmt genannt wird, in der Regierung Dharmâçoka's. Nachdem nämlich der Mahâvansa Mahendra's Einweihung in seinem sechsten Jahre erwähnt hat und den Tod von zwei heiligen Priestern in seinem achten Jahre, heisst es dort, dass von der Zeit an die Priesterschaft grosse Vortheile und Wohlwollen beim Volke fand, und um den Nutzen davon zu geniessen, nahmen die Brahmanischen Tîrthyas die Tracht der Buddhistischen Geistlichen an, und brachten eine solche Verwirrung in deren Lebensweise, dass die rechtgläubigen Priester ihre gewöhnlichen und nothwendigen Gebräuche nicht beobachten wollten, weil dieselben nicht gehörig beobachtet werden konnten. Dieser Zustand dauerte sieben Jahre, und nachdem ein Versuch, welchen einer von Açoka's Ministern machte, mit Gewalt Einigkeit zu Stande zu bringen, missglückt war, gewann der König einen angesehenen Priester, Moggaliputta-Tissa, unter dessen Vorsitz in Açoka's siebzehntem Jahre die Kirchenversammlung in Pâtaliputra gehalten wurde. Sehen wir auf die Angaben der nördlichen von 110 Jahren und auf die der Singhalesen von 118 Jahren, so drängt sich die Vermuthung auf, dass diese beiden Angaben ursprünglich auf dieselbe Zeit hindeuteten, so dass die kirchliche Verwirrung, welche die Singhalesen in Dharmâçoka's zehntem Jahre erwähnen, dieselbe Begebenheit ist, wie die von beiden Zweigen des Buddhismus erwähnte Ketzerei in Vaiçâli, welche nach der Angabe der nördlichen 110 Jahre nach Buddha eintrat, und welche nach der Angabe der Singhalesen in Kâlâçoka's zehntem Jahre verdammt wurde von einer kleinen Auswahl von acht Priestern, die ganz einer Brahmanischen Parishad entsprach; während die andere Zahl, 118 Jahre, dann nicht die Zeit zwischen dieser Ketzerei und der Kirchenversammlung in Pâtaliputra bezeichnen würde, sondern die ganze Zeit von Buddha's Tod bis zur Abhaltung der Versammlung, welche nach der Angabe der Singhalesen 7 bis 8 Jahre nach der kirchlichen Verwirrung stattfand. Der Fehler wird auf Ceilon entstanden sein, als man dort die überlieferten

Erzählungen unter ein chronologisches System zu bringen suchte, dadurch dass man beide Angaben zusammenzählte, ohne zu sehen, dass sie neben einander hergingen, wodurch man von selbst dahin kam, zwei Ketzereien und zwei Kirchenversammlungen anzunehmen, die sich an Açoka anknüpften, und damit auch zwei Açokas, den einen ungefähr 100 Jahre nach Buddha und den anderen 118 Jahre später. Es ist ausserdem nicht unwahrscheinlich, dass man in den nach Zeilon gebrachten Erzählungen von den beiden Königen von Magadha, Çiçunâga und seinem Sohne Kâkavar*n*a, hinlängliche Berechtigung zu finden geglaubt hat, mit dem letztgenannten den ersten der beiden Açokas, welche man anzunehmen genöthigt war, zu identificiren. Nach dieser Betrachtung müssen wir annehmen, dass Buddha's Tod ungefähr 118 Jahre vor der Kirchenversammlung in Pâ*t*aliputra, oder 110 Jahre vor Açoka's zehntem Jahre eingetreten ist, also ungefähr 368—370 v. Chr. G., etwa 40 Jahre vor Alexander des Grossen Zeitgenossen in Pâ*t*aliputra. Es darf indessen nicht übersehen werden, dass vieles hiervon auf Vermuthung beruhet. Was mir mit grösster Sicherheit angenommen werden zu können scheint, ist dieses, dass der Zeitraum zwischen Buddha's Tod und Dharmâçoka lange nicht so gross ist, wie die Singhalesen angeben; dass Buddha Zeitgenosse der beiden Könige Bimbisâra und Ajâtaçatru war; dass nach einer Zwischenzeit die Zeitgenossen Alexanders des Grossen herrschten; aber wie lang diese Zwischenzeit war, lässt sich nicht ausmachen. Es muss eine bedeutende Verwirrung in den bürgerlichen Verhältnissen eingetreten sein, da Leute von so niedriger Geburt, wie Nanda (Xandrames) und Cardragupta, sich über die höheren Kasten emporschwingen und ihre Stellung behaupten konnten. Die Schnelligkeit einer Entwickelung kann sehr verschieden sein; ein einziges Menschenalter kann hinreichend sein, eine vollständige Umwälzung hervorzurufen, namentlich wenn, wie hier der Fall war, eine neue Religion auftrat, welche, indem sie den geistlichen Stand allen öffnete und dadurch eine von der Geburt unabhängige Gleichheit schuf, sowohl die Schranken, welche das Kasten-Vorurtheil der freien Bewegung in den Weg legte, schwächen und niederbrechen, als auch die Bewegung selbst fördern musste.